医院档案管理实务

毛霏霏　马晨雪　吴　迪 ◎ 主编

中国书籍出版社
China Book Press

图书在版编目（CIP）数据

医院档案管理实务 / 毛霏霏，马晨雪，吴迪主编. -- 北京：中国书籍出版社，2024.5

ISBN 978-7-5068-9866-9

Ⅰ.①医… Ⅱ.①毛…②马…③吴… Ⅲ.①医院—档案管理—研究 Ⅳ.① G275.9

中国国家版本馆 CIP 数据核字 (2024) 第 093473 号

医院档案管理实务

毛霏霏　马晨雪　吴　迪　主编

图书策划	成晓春
责任编辑	毕　磊
封面设计	博健文化
责任印制	孙马飞　马　芝
出版发行	中国书籍出版社
地　　址	北京市丰台区三路居路 97 号（邮编：100073）
电　　话	（010）52257143（总编室）（010）52257140（发行部）
电子邮箱	eo@chinabp.com.cn
经　　销	全国新华书店
印　　刷	天津和萱印刷有限公司
开　　本	710 毫米 ×1000 毫米　1/16
字　　数	200 千字
印　　张	11.5
版　　次	2025 年 1 月第 1 版
印　　次	2025 年 1 月第 1 次印刷
书　　号	ISBN 978-7-5068-9866-9
定　　价	76.00 元

版权所有　翻印必究

前 言

档案是人类社会发展到一定文明阶段的产物，是人类社会实践活动的原始记录。现如今，医院档案管理已经成为医院管理的重要组成部分，医院档案工作的重要性与日俱增。随着社会的进步，档案行业面临着众多前所未有的问题和挑战，这对档案工作者提出了更高的标准，要求他们必须持续地学习和提升自己。为了适应医院档案管理工作不断发展的需求，档案工作者需要具备深厚的专业知识和优秀的综合素养。

医院档案是医院机关工作的查考凭证，也是医院运营和管理的参考依据，还是医疗研究的可靠资料。因此，医院档案管理发挥着十分重要的作用。

医院的档案包括很多方面，其产生于医院各种各样的实践中，包括医院的学术交流、医院的病历、科研成果、每天的经营活动等，是医院内部的一项真实的日常记录。在医院的档案中主要有隐性知识与显性知识两种知识。其中隐性知识主要是指档案所处的社会与时代背景以及还没有被完全挖掘出来的一些信息等；显性知识主要是指一些实在可见的东西，如视频、声频、书籍、杂志等记录的信息。然而通过实施知识管理，医院档案管理中的隐性知识得以转换为显性知识，进而促进了人们对这些显性知识的深入挖掘和有效应用。这一过程不仅极大地促进了医院整体管理效能的提升，也显著提高了医院的综合服务质量，为医院的全面发展提供了有力的支撑。

本书主要介绍医院档案管理实务，第一章主要讲述医院档案管理基础，从四个方面展开叙述，分别是医院档案概述、医院档案的收集、医院档案的整理以及医院档案的鉴定；第二章主要讲述医院装备档案管理，从四个方面展开叙述，分别是医学声像装备档案管理、医学装备质量档案管理、医学装备技术档案管理以及医学装备信息档案管理；第三章主要讲述医院病历档案管理，从四个方面展开叙述，分别是医院病历档案实体管理、医院病历档案全程管理、医院病历档案数据管理以及医院病历档案信息管理；第四章主要讲述医院实验室与教研室档案管理内容，从三个方面展开介绍，分别是临床实验室档案管理、病理科档案管理以及教研室档案管理；第五章主要针对医院基建与人事档案管理内容展开介绍，从两个方面展开，分别是医院基建档案管理和医院人事档案管理；第六章主要讲述医院档案的安全管理的内容，从两个方面展开叙述，分别是医院档案保管与防护以及医院档案灾害预防。

  在撰写本书的过程中，作者参考了大量的学术文献，得到了许多专家学者的帮助，在此表示真诚感谢。本书内容系统全面，论述条理清晰、深入浅出，但由于作者水平有限，书中难免有疏漏之处，希望广大同行及时指正。

毛霏霏

2023 年 11 月

目 录

第一章　医院档案管理基础 …………………………………………………… 1
　　第一节　医院档案概述 …………………………………………………… 1
　　第二节　医院档案的收集 ………………………………………………… 11
　　第三节　医院档案的整理 ………………………………………………… 20
　　第四节　医院档案的鉴定 ………………………………………………… 47

第二章　医院装备档案管理 …………………………………………………… 57
　　第一节　医学声像装备档案管理 ………………………………………… 57
　　第二节　医学装备质量档案管理 ………………………………………… 66
　　第三节　医学装备技术档案管理 ………………………………………… 69
　　第四节　医学装备信息档案管理 ………………………………………… 73

第三章　医院病历档案管理 …………………………………………………… 77
　　第一节　医院病历档案实体管理 ………………………………………… 77
　　第二节　医院病历档案全程管理 ………………………………………… 85
　　第三节　医院病历档案数据管理 ………………………………………… 97
　　第四节　医院病历档案信息管理 ………………………………………… 108

第四章　医院实验室与教研室档案管理 ……………………………………… 120
　　第一节　临床实验室档案管理 …………………………………………… 120

第二节　病理科档案管理……………………………………… 132
　　第三节　教研室档案管理……………………………………… 135

第五章　医院基建与人事档案管理………………………………… 139
　　第一节　医院基建档案管理…………………………………… 139
　　第二节　医院人事档案管理…………………………………… 145

第六章　医院档案的安全管理……………………………………… 153
　　第一节　医院档案保管与防护………………………………… 153
　　第二节　医院档案灾害预防…………………………………… 168

参考文献……………………………………………………………… 175

第一章　医院档案管理基础

医院档案管理更多是为医院整体服务的，并且与医院各个部门之间都有着非常紧密的联系，发挥着重要作用。本章主要讲述医院档案管理基础，从四个方面展开叙述，分别是医院档案概述、医院档案的收集、医院档案的整理以及医院档案的鉴定。

第一节　医院档案概述

一、档案概述

（一）档案的定义

要对档案下一个比较科学的定义，必须搞清楚档案这一概念的本质属性。档案的本质属性主要如下。

其一，档案是人们（含国家机构、社会组织和个人）在社会实践活动中（政治、经济、科学、文化等）直接形成的原始记录，是第一手材料；其二，档案具有查考利用价值；其三，记录档案的方式和载体多种多样。

据此，对档案的定义我们可以这样理解，它是国家机构、社会组织和个人从事政治、经济、科学、文化等社会实践活动而直接形成的文字、图表、声像等形态的历史记录，主要包括以下四个方面。

1. 档案是人们（组织和个人）在其社会实践活动中直接形成的

这里的"人们"泛指历代的国家机构、社会组织、家族、家庭和个人，他们是档案的形成（制作）者。但是，不是任何人都可以形成档案，必须是从事社会政治、经济、科学、文化等实践活动的人们，也就是说档案是人们在从事社会实践的活动中产生和形成的，离开了人们的社会实践活动便不可能产生档案。然而，档案又是直接形成的，没有经过任何中间环节。可是"人们"是复杂的，"社会实践活动"是极其丰富的，"直接形成"是可靠的，因而决定了档案来源的广泛性、复杂性，档案种类的多样性、丰富性和档案内容的客观真实性。

2. 档案是历史的原始记录

档案的独特价值在于它们是直接由创建者在参与社会实践活动时所产生的原始记录。这些文件作为第一手的材料，区别于那些后来被人编纂或是无序收集的信息。它们以原始记录的形式，提供了未经编辑或改动的初步信息和数据，从而突显了其不可替代的重要性。所以档案的原稿（原本）往往只有一份，是孤本，是最珍贵的。我们在实际工作中要特别注意保护档案原件（原本）的完整与安全，就是这个道理。

3. 档案是由文件转化而来的

人们从事社会实践活动的直接原始记录为文件（或文书），而档案是从文件转化而来的。文件转化为档案必须具备三个基本条件：一是办理完毕（或叫处理完毕）的文件才能作为档案，正在办理的文件不是档案。衡量文件办理完毕的标志是：完成了文书处理程序；一般完成了文件的现行效用。所以，我们可以说，文件是档案的前身，档案是文件的归宿；"今天"的档案就是"昨天"的文件，"今天"的文件就是"明天"的档案。二是有参考利用价值（即凭证和参考作用）的文件，才有必要作为档案保存。文件办理完毕后，其中有些文件虽失去了现行效用，但对日后工作和科学历史研究仍有参考利用价值；有的文件则随现行效用的消失而一同消失，无参考利用价值，不必作为档案保存。因此，可以将档案理解为文件的核心精华，但这并不意味着每一份文件都应该直接存档。这是由于仅有那些遵循了一定的规定和程序、并被恰当保管的文件，才有可能最终被升为档案。尽管档案的产生依赖于文件，但并非所有文件都能自动转化成档案，且转化过程需要遵循特定的步骤和标准。

人们只能按照文件形成的规律、历史联系及其各种特征，运用立卷的原则和方法，组合成系统性、条理性的案卷（或叫保管单位），即立卷归档后才能成为档案。从这个意义上说，文件是档案的因素，档案是文件的组合。

4.档案信息的记录方式和载体是多种多样的

档案信息的记录方式和载体（又称制成材料）是构成档案的两个基本因素。在档案的载体上，档案既有我国古代遗留下来的龟甲兽骨、竹简木牍、金石、贝叶、缣帛等档案，又有近现代以纸张为主的纸质档案，还有胶片、磁带、磁盘等现代形式的档案。档案信息的记录方式有：文字、图像和声音等多种形式。档案信息的记录方式和载体的发展变化与革新，标志着档案和档案工作发展不同阶段的不同水平。档案工作者必须明确档案的范围，把应该保存归档的文件收集齐全，集中保管。

（二）档案的属性

1.本质属性

档案的本质属性，一般来说，就是档案所独有的原始记录性。档案不同于一般的信息材料，它不是事后编写或随意收集来的，而是人们在当时特定实践活动中形成和使用的原始文件的直接转化物。因而，它的信息内容具有原始性的特点，即原始记录客观地反映了形成者特定的历史活动，是历史的原始凭据。在形式上，它的原始性不仅体现在载体、记录方法、文种、文件格式和用语等方面，而且相当数量的文件本身就是原稿、原件、正本，或者留有当事人的亲笔签署或批语，或者盖有机关或个人的印信，或者留下的是当时的影像和声音。这些原始标记，足以使人们感到它的真实性、可靠性。档案这一内在的特有的原始记录的本质属性，使它与其他的信息材料，如图书、情报、资料等明显区别开来，并且显得更加珍贵、可信。人们正确认识档案的本质属性，对于做好档案工作具有重大的实际指导意义。

首先，档案作为原始记录、历史真迹，不允许有任何增删改动。因此，后人不能用自己的观点去变更档案，也不能在原件上直接"修正"档案存在的错误及失真的内容，更不允许从某种需要出发，对档案进行涂改、剪裁、勾画。总之，档案作为原始记录，任何人都无权这样去做，否则就是对历史唯物主义的公然践踏，对历史的犯罪，历史的真实面貌就会遭到破坏，甚至还会造成无法挽回的损失。档案工作者及其他有关人员，应该牢记历史教训，加深对档案历史真迹的认识，自觉地维护档案的本来面目，同一切破坏档案的行为做坚决斗争。

其次，档案的原始记录性，决定了档案孤本多，同一档案数量少，原本无法再生。因此，档案工作者一定要尽力收集齐全，科学地进行鉴定，切实维护档案的完整与安全，不能有丢失、损坏、错判等行为发生。不然的话，就会人为地造成档案和历史的"空白"。

明确了档案区别于其他文献材料的本质属性，一方面能使我们更加准确地把握档案与图书、报刊等资料的界线，不至于在档案收集、整理、保管等实际工作中搞错对象；另一方面能促使我们收集保管一些与档案相关的图书资料，作为馆（室）藏档案内容不足的补充，满足社会各方面的需要。

2. 一般属性

档案的一般属性，主要指档案的价值属性、信息属性和知识属性等，这是档案与其他文献材料所共有的属性，受其本质属性规定，又是本质属性的具体表征。

（1）档案的信息属性

迄今为止，信息科学虽然还不曾对信息概念有一个统一的解释，但作为一般的、日常的理解，我们可以这样来说，信息不是事物本身，而是指信源发出的消息、情报指令、数据、信号中所包含的内容或知识。档案作为人们社会活动形成和使用的文件的直接转化物，凝聚着人们征服自然、改造社会及自身历史发展的丰富信息，这种信息固定地沉淀在一定载体之上，对它的提取和利用可以超越时间和空间的限制。因而，后人要了解某组织的历史沿革、性质职能等情况，查一查该组织的档案材料，就可获得有关信息。同样，研究大到国家、小到个人的历史，也必须从有关档案资料中提取有价值的信息。可见，档案本身并不能简单地与信息画等号，但它的内在却蕴藏着丰富多彩的信息，它是一种重要的信息发生源。档案信息和其他信息一样，可以浓缩、扩充、存储、加工、转换、传递、共享，但它还具有一个特点，即原始性和回溯性（历史性）的统一。如果把整个信息按来源区分为原生信息（原始信息）和派生信息（再生信息），那么档案信息则属于原始信息，它是信息处理加工的源泉，在社会信息系统中具有特殊的地位。如果把信息按时态分成历史信息、现行信息、未来信息，那么档案信息则属于回溯往事的信息。档案信息这种独有的原始历史性的特点，使它能够同时起到历史凭据和可靠情报参考的作用。不过我们也必须看到，档案信息的原始性，使人们对它的开发利用较之其他文献信息，难度要大得多，因此，应做好充分的准备。充分认识档案信息属性及其特点，有利于增强我们的档案信息意识，迎接迅速发展的信息化社会的挑战；同时，也有利于人们在实际工作中，把档案工作作为信息系统工程来科学地组织，并针对档案信息特点，采取切实有效的措施，积极开发，为社会主义物质文明和精神文明建设服务。

（2）档案的知识属性

知识就是人们对自然现象、社会现象及其规律的认识与描述，是人类社会实践经验的总结。档案是人类认识世界、改造世界的原始历史记录，是人类智慧的物态结晶，是知识的一种载体。它较之图书、报刊资料等其他知识载体来说，具有原始性特点，是知识的初始载体。

一方面，档案是记录、积累、存储知识的初始载体。古往今来，人们在不断地劳动、实践斗争过程中，积累了有关政治、经济、外交、军事、科学、技术、文化、教育及体育卫生事业等各方面的丰富知识，这些知识最初都以档案的形式记录、累积、存储起来，离开了档案这一初始载体，知识的积累、文明的演进将是不可想象的。所以，我们把档案比作人类社会的"百科全书"、比作知识的"宝库"，并非夸大其词。另一方面，档案是知识传播的原始媒介。知识传播的途径和媒介是多种多样的，档案就是其中的一种。档案文献的特点，就在于它通过一定的形式（文字、符号代码、图表、影视、声频等），把知识原始地固定在一定的物质材料（如纸张、金石、竹木、缣帛）上，从而超越时间和空间的限制，使知识得以有效传播。易于复制、便于查阅保存、后传能力强的档案，其知识的传播率高，能使他人或后人获得更多的知识。比方说，现代的纸质档案较之古代难懂的甲骨档案，其知识传播率就高得多。在知识的传播过程中，档案具有其他文献无法取代的地位和功能。最后，档案是人们获取知识和继承知识的中介。一个人的知识不外乎两个来源，一是来源于直接实践经验，二是通过间接经验，即通过知识载体——"中介"而获得。然而，一个人的实践活动总要受时间和空间的限制，而直接从实践中获得知识远远不能满足人们社会活动的需要。因此，人们必须利用知识具有继承性的规律，去查阅包括档案在内的各种文献资料，以获取自己所需的知识。人们查阅文献、获取有关知识的过程，也正是继承人类已有知识的过程。由此可见，档案不仅具有存储和传播知识的功能，而且是人们获取知识、继承知识的重要载体之一，它的知识属性是毋庸置疑的。

（3）档案的价值属性

档案作为一种社会事物能够存在，就是以它的有用性为前提的。因此，档案都是具有一定利用价值的资料，根本不存在没有价值的档案。档案的价值有大有小，它发挥作用的时间有长有短，正是这种特性，决定着档案的存毁。

此外，在阶级社会里，机密性也是档案的一种派生属性。相当一部分的文件具有不同程度的机密性，这种机密性有时并不随着其办理完毕或转化为档案而马上消失，因此总有部分档案在一定的时间和范围内要求保密，这就决定了档案具有机密属性。档案的这种机密属性是客观存在的，既不可忽视，也不能过分重视，否则会给档案工作带来不良影响，造成混乱。档案的机密性与其知识属性和信息属性等相比有不同之处。从量上来看，机密性并不是所有档案的共同特性，而仅是针对部分档案而言。从时间上来说，档案的机密性有特定的时间区限。在这个特定的时区里，机密性存在；越过这个时区，机密性就消失。也就是说，档案的机密性并不是固定不变的，它随时间的推移，阶级的消灭，以及条件、地点等的变化呈递减的趋势，最终会彻底消失。一般情况下，"档龄"愈长，机密性愈小，两者是反向关系。档案工作者必须正确认识档案的机密属性及其递减特点，并且根据情况的变化，做好合理的"降密"或"解密"工作，让档案的价值在尽可能大的范围内得到发挥。总之，档案利用是绝对的，保密是相对的、暂时的，即使保密，也是一种有条件、有限制的利用，机密性并非绝对排斥它的可利用性。

（三）档案种类的划分

人们根据档案的不同属性和科学管理档案的需要，分别采用不同的标准，从不同角度划分档案的种类。

档案以历史进程的时间次序为划分标准，可划分为古代档案、近代档案、现代档案。档案按我国现存的档案，划分为唐朝档案、宋朝档案、元朝档案、明朝档案、清朝档案、民国档案、中华人民共和国档案；也可划分为中华人民共和国成立以前的档案和中华人民共和国档案。

以档案形成者的性质为划分标准，档案可划分为国家机关档案、党派团体档案、企业档案、事业单位档案、名人（人物）档案等。

以档案内容为划分标准，档案可分为党务档案、行政档案、军事档案、外交档案、科学技术档案、会计档案等多种门类；或从宏观上划分为普通档案（党务档案、政务档案……）、专门档案（科学技术档案、人事档案、会计档案、公安档案、诉讼档案……）两大门类。

以档案的所有权划分标准，档案可分为国家所有档案、集体所有档案和个人所有档案。以档案的载体形式为划分标准，档案可分为甲骨档案、金石档案、简牍档案、缣帛档案、纸质档案、胶片档案、磁带档案等。

常用档案种类划分，有的分为文书档案、技术档案（亦称科技档案）；或分为文书档案、科技档案、影片照片录音档案（亦称声像档案）；还有的划分为文书档案、科技档案、专门档案。

上述档案种类的划分方法，各具一定的特点，尚在研讨之中。档案种类的划分是明确概念全部外延的逻辑方法，是将属概念分为所包含的种概念，从而使属概念的外延明确起来的方法。档案种类的划分是在形式逻辑与实用性原则的指导下，由人们依据实践的需要而决定的。当某种划分失去时效时，它是可以改变的。档案划分具有临时性、不稳定性的特点。档案种类的划分可以用档案的任何一种属性或特征作为划分标准，其目的是从不同角度、不同侧面加深对档案概念的认识，随机性比较大，不必强求划一。只要这种划分有利于对档案的科学管理就应承认其具有合理性。

二、医院档案的分类

（一）党群类

医院党群类档案是指医院党群部门在党的建设、纪检监察、组织（党校）、宣传、统战、工会、共青团等工作活动中形成的文件材料。

（二）行政类

医院行政类档案是指医院行政部门在行政、人事、审计、保卫、武装、总务、后勤、档案、图书等工作活动中形成的文件材料。

（三）医疗技术类

医院的医疗技术类档案是指医院在医疗技术活动中形成的文件材料。

（四）病历类

医院的病历类档案是指医院在医疗技术活动中依照有关法规、规范要求形成的文字、图像等病历资料。病历的收集、装订、编目、保管、利用等，都应按照卫生部有关规定执行。

（五）学生类

医院的学生类档案是指医院承担的学历教育在学生的日常管理与思想政治教育活动中形成的文件材料。

（六）教学类

医院的教学类档案是指反映医学教学管理、教学实践和教学研究等活动的文件材料。

（七）科研类

医院的科研类档案是指医院开展的自然科学研究、人文社会科学研究和教学改革研究活动形成的管理与项目文件材料。医院在产学研过程中形成的文件材料、样品或者样品照片、录像等可归于"科研类"。

（八）基本建设类

医院建设的档案资料全面记录了从项目启动的初步规划到最终实施和运行的全过程。这一档案体系不仅囊括了起始的策划和决策阶段，还延伸至项目竣工和投入使用的各个阶段，涵盖了一系列重要文档和资料。具体来说，这包括项目的初步提议、早期的调查研究、可行性研究报告、评审资料、决策记录、施工计划、地质勘察结果、建筑设计方案、施工进度、设备安装与调试、生产前的准备、工程完工和试运营等关键文件。这些档案可能包含文字记录、草图、图表、数据分析以及音频和视频材料等多种格式，构成了医院建设项目从概念到实现的完整历程的细致记载，对于项目的规划、施工和管理都有着不可或缺的参考价值。

（九）仪器设备类

通常情况下，医疗机构维护着一个详尽的设备档案库，其中囊括了国内制造和海外引入的高端医疗器械等的档案。这些器械不仅精度高、价格昂贵，而且相对稀有，其价值均超过十万人民币。这种档案内容丰富，既包括了设备随机提供的技术文件，也囊括了从设备验收、日常运行、维修保养到技术更新等全过程中相关的各种文件和资料。

（十）财会类

医院的财会类档案是指医院里的会计凭证、会计账簿和财务报告等会计核算专业材料。

（十一）声像类

医院中的声像档案包括在各类活动中产生的、值得长期保存的音频和视频记录。这些活动涉及党群聚会、医疗服务、教育培训、科学研究以及管理流程。档案不仅限于音视频，还包括相关的文本资料，它们共同构成了记录和传承医院历史与成就的重要资料。

（十二）实物类

医院的实物类档案是指医院及其工作人员在各类活动中获得的国家、部委、省区（市）颁发的荣誉证书、奖状、奖牌、奖旗、奖章（杯）及馈赠纪念品等实物。

三、医院档案的作用

（一）是医院文化的传承

医院档案是医疗机构的精神核心，反映了其内在的灵魂和使命，这不仅根植于它们的创立宗旨，还体现在其价值观、社会形象和经营理念的综合表达上。这样的文化氛围是经过长时间的发展和深思熟虑形成的，不是短期内就能建立的。它代表了医疗卫生系统在长期实践中积累的智慧和经验。作为记录医院社会实践和历史沿革的重要资源，医院的档案资料承载了丰富的文化内涵。因此，通过加强对医院档案资料的管理，我们可以在这些记录中不断地提炼和深化对医院文化核心价值的理解和反思。

（二）总结过去、把握现在、开创未来

医院的档案系统精确地记录了一系列重要事件和情况，这些不只是对医院过

往历程的简单回顾，更是未来医院发展和创新的关键基石。这些丰富的资料库为我们提供了从先前经验中学习的机会，允许我们将过去的教训转化成未来行动的借鉴。深度挖掘这些档案资料，我们能够识别出医院发展趋势和内在联系，为医院的短期调整和长期战略规划提供了有力的支撑。这不仅彰显了档案资料在医院管理中的核心价值，也突出了它在推动整个医疗行业前行发展中的作用。因此，为了保障医院管理的有序进行，从而加速医院发展的步伐和推动医疗行业的持续进步，医院档案的维护和利用显得尤为关键。

（三）为医院现代化建设以及科学化发展提供依据

在当今这个知识与经济紧密融合的21世纪，信息、知识和资源的聚集以及对它们的有效利用，在推进医院科学化和现代化的进程中发挥着至关重要的作用。以往，医院的管理主要依靠个人经验和较为宽泛的管理方法，但这种做法随着社会的发展，正逐渐被更为系统化和细致化的管理模式所替代。此外，随着医院档案管理工作者对档案价值的深入理解，他们开始更加明确地认识到这些档案资源在经济和社会层面的重要作用，并掌握了如何利用这些资源来提高医院的经济效益、社会影响力和竞争力的方法。医院档案的有效管理不仅对临床治疗的改善、学术交流以及医学研究提供了重要支撑，而且通过提高档案管理的效率，进一步促进了临床与研究之间的互动，为医学科研的进步及医院的现代化、科学化发展作出了重要贡献。

（四）在医患关系与医疗纠纷方面提供了依据

当前，医疗界面临的挑战包括加剧的医患矛盾和频发的医疗争议，这一问题在全球范围内都显得格外突出。随着医患之间的紧张关系不断上升，各类摩擦和冲突频频出现。在这种形势下，医院档案的作用变得更加重要。这些档案作为医疗活动的初步记录，不仅为法律上的争议解决提供了重要的证据支撑，同时使得医疗过程的真实性和准确性得到了充分记录。这种记录制度对于保障医患双方的权益至关重要，不仅促进了权利的实现和义务的执行，也是维护医患之间和谐关系的关键。

（五）创造经济效益和社会效益

档案记录在医疗机构中扮演着关键角色，以其真实性和原始性闻名，为揭示医院的发展历程及其文化内涵提供了可靠依据。这些档案不仅为编撰专业书籍和撰写回忆录等重要文献奠定了基础，还通过互联网和报刊媒体的传播，大大丰富了医学知识库。此外，这些记录的存在不仅增强了医院在经济和社会方面的表现，还促进了我国医疗行业的持续进步和发展。

第二节　医院档案的收集

在这里需要注意的是，医院档案收集工作并非一项简单的事务性工作，而是一项会受国家政策影响，并且具有很强业务性特征的工作。这主要体现在两方面：一方面，医院档案室和档案馆在收集档案时需要根据国家政策规定，以及医院档案的特性进行选择；另一方面，在医院档案收集的流程中会面临诸多挑战，这不仅包括档案创建者对其重要性的理解和他们的价值取向，还涵盖了存储环境的条件等因素。鉴于此，要想提高收集工作的效率与质量，就必须开展全面的调研，并制订周详的规划策略，以确保各个相关因素都能得到充分的考量和有效的管理。

一、医院档案收集工作的地位

在整个医院档案管理工作中，医院档案收集处于一个十分特殊的地位，这一地位主要体现在以下几方面。首先，医院档案收集工作是医院档案馆（室）积累档案的一种重要手段，也是医院档案馆（室）开展档案工作的业务对象和业务起点。其次，医院档案收集工作是档案馆（室）对档案进行有组织、有目的、有纪律、有规划管理的一项具体措施。再次，医院档案收集工作质量的高低情况，会直接影响医院档案馆（室）其他工作的开展和实施。最后，医院档案收集工作是档案馆（室）和外界发生联系的重要环节之一，是以国家相关政策为依据、与社会进行广泛接触、且需要工作人员具有较强的业务能力的工作。

二、医院档案收集工作的特点

（一）预见性与计划性

作为人类各种社会活动的伴生物，档案的形成具有很强的分散性特点，即档案是散布于社会各个方面的，档案室和档案馆要进行档案收集，只有对其进行认真调查，科学地分析和预测档案形成、使用、管理的规律和特点，才能从分散的档案中做好收集工作。

医院档案馆和档案室在进行档案收集时，还必须充分、全面地了解和把握本馆（室）主要档案用户的利用动向、特点和规律，以便结合档案用户的长远需要收集能为他们所用的档案，真正发挥档案收集的作用，这意味着医院档案馆和档案室需要提前做好档案收集工作的计划，以便有计划、主动地开展档案收集工作。

（二）完整性与系统性

医院档案收集的一个重要要求就是收集到的档案必须在种类、内容方面具有齐全、完整的特点，同类档案之间也应能构成一个有机整体，这就使医院档案收集工作也表现出完整性和系统性的特点。医院档案收集的完整性和系统性特点要求医院档案收集工作人员在收集档案时，必须考虑档案当前以及未来在医疗过程中所能起到的积极作用，以便真正充分发掘出医院档案收集信息参考的价值。

（三）针对性与及时性

医院档案收集工作，必须根据各级各类档案馆（室）的收集档案的范围来进行，不能违反国家规定，不能擅自收集不属于本馆（室）收集工作范围的档案，以保证收集工作能够有目的、有重点地进行。另外，档案收集工作还具有及时性的特点。医院档案馆也具有针对性与及时性的特点，它要求医院档案人员必须具有明确的时间意识，将应当接收或征集的档案及时收集进医院馆（室）档案部门，应当尽最大的努力，避免拖延迟误，在掌握有关信息线索的前提下，采取相应的方式，尽快将档案收集起来。

三、医院档案收集工作的职责

在医院档案管理的具体实施过程中，档案部门或其管理人员似乎只负责审查和接收提交的文件，但他们的职责实际上远不止于此。为了保障医院档案的完整性和系统化，并确保这些档案能够高效地集中管理，这些部门或个体需要承担更广泛的角色。他们不仅要参与到文件的创建、处理和最终的归档整理的全过程，而且在日常的收集和维护工作中，还要担负起更为关键的角色和更多的责任。

（一）监督医院文件的形成过程

文件的创建是档案管理的基础环节。在日常工作中，由于某些组织对文件创建的重视不足，经常导致档案资料的缺失。因此，在医疗机构的档案整理工作中，管理人员不仅需要全面搜集那些已经产生并且具有长期保存价值的文档，还需要密切关注文件在生成与处理阶段的各种细节。例如，探究本机构是否设立了电话通话记录、会议或事件的视频记录等记录机制，以及文案处理流程是否规范等。

管理人员遇到文件创建和维护过程中的任何问题，应立即向相关部门或领导汇报，并提供合理的优化建议。在发现文档创建上的缺陷后，应尽可能通过补充记录、重新录入或补充拍摄等手段进行纠正，确保关键文档的完整性得到保障。

（二）督促归档制度的落实

虽然建立和执行一个组织的档案管理体系根本上属于高层领导的责任，但档案最终由档案部门处理，这一事实使得档案部门及其员工在确保档案管理体系制度得到高效落实方面扮演着至关重要的支持角色。具体来说，这一角色体现在三个关键领域。首先，档案部门的参与对于设计一个既实际又满足组织特定需求的档案管理策略至关重要。其次，该部门有责任广泛推广档案管理策略，采取多种手段进行，例如在展示区展示档案管理政策，对档案管理成效显著的团队和个人给予表扬，从而确保每位员工都深刻理解这些政策的价值和细节要求。最后，档案部门还需不断地监控和评价档案管理策略的执行效果，及时识别问题并提出改进建议，推动政策的持续改进和发展。

（三）指导文书部门的立卷归档工作

档案室或负责档案管理的专业人员在对文书立卷归档过程中，所涉及的职责主要包括以下几方面。

1. 协助单位确定立卷地点和分工立卷的范围

立卷地点是指一个单位应该由哪些部门或人员具体完成文书立卷工作，这是在组织层面上落实直接责任部门或人员。分工立卷范围是指各种内容的文件应该由哪些部门或人员负责立卷，这是为了避免文件重复立卷或遗漏立卷的情况发生。

在确定立卷地点和分工立卷范围时，我们可以有如下两种选择。

其一，单位内部各部门处理完毕的公文，均集中到办公厅（室），由办公厅（室）的文书人员负责立卷工作。一些内部机构少的小型单位，其立卷工作则由专职或兼职的文书人员承担。

其二，根据规定的分工范围，由办公厅（室）与各职能部门及其专职或兼职文书人员分别承担相关文件的立卷工作。例如，办公厅（室）负责方针政策性的、全面性的、重大问题的文件及以单位名义发出的文件的立卷；单位的科研、生产、营销等部门负责相关业务性公文的立卷。

除了上述两种立卷形式外，对一些业务部门形成的专门文书，还可以采取单独立卷的方式。如会计、统计、人事、科研、保卫等部门形成的业务文书，由这些部门指定专人负责立卷。

2. 参与编制文件立卷方案

立卷方案包括文件分类表和立卷类目两个部分，有时这两个部分可以各自单独构成文件，有时则可以作为一份文件。立卷方案是对文件实体进行分类和组卷的蓝图。档案室或档案管理人员参与编制立卷方案的工作，有利于及时将国家的有关规定和档案管理的要求体现在文件中，从而保证文件分类、立卷的合理性和系统性。

3. 对立卷操作进行业务指导

立卷的操作就是对归档文件进行系统整理，使其形成有序的保管体系。在这个过程中，档案室或档案管理人员有责任深入立卷工作现场，对立卷操作进行业务指导，帮助立卷人员正确掌握标准，及时解决立卷中出现的疑难问题。

4. 进行归档案卷质量检查

在立卷过程中，档案室或档案管理人员应该进行阶段性的案卷质量检查，发现问题及时整改。在立卷工作结束后，档案室或档案管理人员还应进行终结性检查，以从总体上把握案卷质量。

（四）开展零散文件的收集工作

所谓零散文件，是指在日常工作中积累而未能立即归档的各类资料。这些文件的堆积往往是由多重因素引起的。比如，关键的会议纪要或内部通信可能因为未遵循正规的文档管理程序而在存档时遗漏；也有可能是由于某些部门或个人的推迟处理，导致文件未及时提交。尽管一个组织可能已经建立了完善的存档系统并且持续进行归档工作，但仍难以杜绝零散文件的出现。因此，对于档案管理团队和相关工作人员来说，收集和整理这些散落的资料是一个迫切的任务。

为了高效地收集这些分布广泛的文件，可以采取一系列策略。一种方法是利用组织内部的结构调整、领导更替或员工变动等时机，来搜集分散在不同部门和个人中的资料；另一种方式是通过定期的管理审查和安全检查等活动，对这些资料进行系统性的整理。此外，还可以通过编制年度回顾、记录组织的发展历程等文档，有目的地聚合这些分散的资料。对零散文件的收集不应被视为次要的任务，其是档案管理中至关重要的一部分，它不仅应该被纳入日常工作安排之中，还需要得到体系化的支持。为了维护资料的完整性，可以帮助领导层制定会议纪要的存档标准、员工离职时的档案交接程序等，通过这些体系化的措施，使得档案收集工作由被动转为主动，从而确保资料的完整性和可靠性。

四、医院档案收集工作的要求

（一）及时、全面地把档案收集进馆，丰富和优化馆藏

档案馆作为永久保存档案的基地和研究利用档案的中心，必须拥有丰富的馆藏。一个档案机构的收藏是否丰富、档案是否完整，是衡量这个档案机构地位和影响力的重要标志。档案馆馆藏越丰富、越珍贵，就越能受到社会的重视，越有利于扩大其社会影响力并提高其社会地位。丰富的馆藏也是开放历史档案、开展档案编纂以及出版档案史料的一个前提条件。因此，及时、全面地把档案收集进馆，保证馆藏资源的丰富性，是档案收集工作的最基本要求。

在医院档案馆中，馆藏丰富和优化的标志和特征体现为：数量充足、门类齐全，结构合理、富有特色，完整精炼、质量优化。档案馆收集的档案应能够在时间和空间上反映出一个地区、一个系统或一个专业、一个部门完整的历史面貌。在档案的门类和载体上，既要收集文书档案，也要收集科技档案和其他的专门档案，既要收集纸质档案，也要注意收集声像档案、缩微档案和电子档案等其他特殊载体的档案；在档案的时间分布上，在接收现行机关档案的同时，也要向社会征集珍贵的历史档案；在档案的性质上，既要收集公共档案，也要有选择地收集

私人档案；不同层次和类别的档案馆，在收藏档案时，应有所侧重，分工明确，注意形成和保持本地区、本系统或本专业的特色，根据档案的数量和成分，以及服务对象的需要，将馆藏各种门类的档案按照一定的比例关系组成一个整体，形成一个合理的馆藏结构。

（二）加强馆（室）外调查和指导

档案馆与各立档单位之间、机关档案工作人员与机关各部门工作人员之间应保持密切联系，机关档案工作人员应加强对业务工作进程的了解并指导其对已经办理完毕的文件进行整理和归档。医院档案馆则根据有关档案管理标准指导、监督各单位档案人员对归档文件的清点、检查和整理工作。

（三）推行入馆档案的标准化

严格进馆档案的质量标准，对进馆档案进行优选，选择真正有价值的档案进馆，保证医院馆藏档案的质量。

（四）保持全宗的完整性

医院档案馆（室）在收集过程中应保持全宗的完整性，同一全宗的档案不能分散，不同全宗的档案不能混淆。

五、医院档案收集工作中的归档

（一）归档制度分析

在我国归档工作已成为一项制度。《档案法》规定："对国家规定的应当立卷归档的材料，必须按照规定，定期向本单位档案机构或者档案工作人员移交，集中管理，任何个人不得据为己有。"[1] 医院档案收集工作主要是依靠建立健全归档制度来完成的，主要包括明确归档范围、确定归档时间、制订归档份数、履行归档手续和满足归档文件要求。

---

[1] 全国人大常委会办公厅.中华人民共和国档案法（最新修订本，全国人民代表大会常务委员会公报版）[M].北京：中国民主法制出版社，2020.

（二）归档文件范围

1. 上级来文

上级来文包含：须严格遵守和实施的重要会议决议；来自上级主管机构的规章制度文件；上级在视察过程中生成的报告和资料；代表上级起草且已被接收的各类文档；以及上级单位转发本单位所提交的文件等。这些文件覆盖了从政策执行到日常管理的多个方面，要求我们仔细研究并贯彻执行。

2. 本单位形成的各种文件

本单位形成的各种文件包括以下几个方面：首先是与会议相关的文件，包括代表性工作及专业会议的资料。接着是官方文件，涉及签发稿、修改稿及印刷版。此外，还有向上级机关的请示及其批复、反映业务和科技成就的专业资料。同时还有统计报表、分析数据和财务信息，以及领导人在官方活动中产生的重要通信、电报和电话记录。机构的重大变更，如成立、合并、撤销、名称更改、印章使用及组织架构和人员编制的资料也被纳入其中。机构和行业的历史发展、重大事件、年鉴，以及荣誉奖项和具有纪念意义的物品、展览照片和音视频资料；还包括干部的任命、调动、培训、职务评定和聘任相关文件，以及财产、物资和档案的交接证明和清单。最后，本单位与其他单位签署的合同和协议，以及外事活动中产生的文件也是本单位资料库的一部分。

3. 下级报送的文件

下级报送的文件：重要的业务规划、分析报告、项目总结、标杆案例、数据统计表、经济预算及决算报告等；直属机构提交的关键科技研究文档；下属部门递交的法律规章备案资料等。

4. 相关文件

相关文件：各种普查工作中形成的文件材料；依据相关规章制度，须要归入档案管理的已故职员档案资料；平级组织以及非下属机构发布的，虽非直接管理但必须遵循的规章文件；其他业务相关部门对本单位进行工作审查并产生的关键文档；与本单位进行沟通、谈判的同级政府机关或非下属组织的相关文件等。

（三）归档时间确定

归档时间涉及文书处理或相关业务部门将待归档文件提交给档案部门的具体

时刻。考虑到不同文件的生成特性和固有规律，应明确制定各类文件的具体归档时间安排。

1. 管理文件

一般在形成的第二年上半年内向档案部门移交归档。

2. 科技文件

根据文件形成的具体情况有不同的要求，一般有以下五种情况。

一是按项目结束时间归档。

二是按工作阶段归档。

三是按子项结束时间归档。大型项目或研究课题，往往由若干子项组成，这些子项相对独立，工作进程也不尽相同。当一个子项工程结束后，所形成的文件可先行归档。

四是按年度归档。对于那些记录活动过程或具有较长周期性发展的科学技术文件，以及那些需要作为科学技术档案长期保存的管理类文件，它们通常应以每个年度为界限进行分类和存储。

五是随时归档。对于那些科技文件的编制和档案管理职能合并于一体的设计机构，如施工图纸，以及那些具有较高机密性的科技文件、购买的设备附带的资料、委托给外部单位设计的科技文件等，都应当在生成或接收后立即进行归档处理。这样的做法旨在确保信息的安全、完整，以及在需要时能够迅速检索到相关文件。

3. 会计文件

在财务年度结束时，企业的财务会计部门将暂时保管相关文件一年，一年期满之后，这些文件将转交给档案管理部门进行长期保存。

4. 人事文件

通常情况下，文件办理完成后应在10天至半个月内提交给档案管理部门进行归档。然而，针对那些具有高度专业性、采用特殊介质、涉及敏感信息的文档，以及地理位置分散的下级机构的文件、具有不寻常形成模式的文件、新兴的医疗文件，考虑到它们的实际使用和管理需求，我们可以根据一定时间的实践经验和总结，对归档时间进行相应的调整。这既要便于医院工作人员在文件形成后一定时间内就近利用，也要便于有保存价值的文件及时归档。

（四）归档份数管理

归档份数是指文件归档数量。总的来说，凡是需要归档的文件一般归档一份，重要的、使用频繁的则需要归档若干份。关于归档份数的管理规定不宜过于笼统，也不能过于简单划一。

（五）归档手续管理

编制移交清单应一式两份，交接双方按移交清单清点案卷。

移交清单清点无误后，双方在移交清单上填写有关项目并签字，签字后，双方各执一份，留作以后查考使用。

科技档案的整理需要制作一份详细的档案概述，这份概述由负责归档的工作人员撰写。这份概述通常涵盖若干关键点：包括项目的标识信息（如名称与代码）、项目启动的背景、执行的基础及步骤、项目在科技领域的定位、成果的品质与价值评估、科技档案的完整性与准确性评价。此外，还应包括项目领导与团队成员的名单及各自的职责，以及档案整理与概述文件撰写者的信息，如姓名和日期等详情。

（六）归档要求明确

归档要求是单位文书部门向档案部门移交案卷时应达到的质量要求，也是档案部门接收案卷时的验收标准。根据《企事业单位归档文件整理规则》的规定，对于医院档案来说，也应该从下列几个方面检查归档文件的质量，在进行归档时，必须确保所有文件都是齐全且无缺的，同时，还需要根据文件生成的自然顺序予以整理，确保文件之间维持着逻辑上的联系，并且能够根据其重要性进行区分，这样不仅方便了文件的存储，也便于将来的查阅和使用。对于卷宗内的文件，档案管理部门应当进行仔细的组织和目录编制，以便于检索。卷宗的封面应当书写清晰，标题应确切无误，文件的排列需要逻辑合理，并且每一份文件都应有正确的编号。此外，还应制作详尽的卷宗目录和相关文件，以供参考。对于那些已经损坏或字迹不清、材质可能存在问题的文件，应当进行修复或复制，以确保档案的完整性和可读性。在选择归档使用的书写工具、纸张和装订材料时，还需要特别注意其是否满足档案保护的标准，以保证档案的长期保存。

第三节 医院档案的整理

一、医院档案整理工作概述

(一)医院档案整理工作内容

整理医院档案是一项综合性的活动,旨在通过规范化的方法和技术手段,将分散且无序的医疗记录进行有效的分类和整理,以保证资料的便捷存取。这一过程不仅包含档案资料的基础管理职能,还涉及更为深入的操作,例如对文献资料的审核、整合,乃至编辑与发布等多个环节。

在档案整理的广义中,这项工作不只限于文档的基础管理,还扩展到对档案内容的深入探究、核实,以及最后的编辑出版工作。在具体的档案管理过程中,则更多专注于如何高效地对档案进行归类、建立完整的档案体系、进行排序和索引编制,目的是便于档案的后续检索和应用。

档案的整理方式会根据其原始状态的不同而有所区别。在实践中,特别是在医院的档案室或档案馆环境下,根据不同的工作需求,档案整理工作通常被分为三大主要类别,以满足不同档案类型的特定整理需求。

1. 系统排列和编目

当医院档案部接收到经过医疗记录部门和各个服务部门根据归档要求仔细整理的文件,或者档案室根据存档标准对资料进行了归纳和整理后转交的文档时,整理和管理档案的工作便转入一个更宽广的阶段。在这个阶段,工作重点是按照档案保存和管理的具体需求,对不同种类的文件和档案进行细致的分类和编排,同时对档案索引进行深入的细化处理。

2. 局部调整

对于存储在档案馆或档案室里的医疗记录,那些不达标、难以维护和利用的文件部分需要经过仔细处理,以改善它们的管理质量和使用效果。此外,考虑到医院档案内容及其管理体系可能会随着时间发生变化,定期地对这些档案进行检查和必要的调整显得尤为重要,这有助于保持档案系统的及时更新和实用性。

3. 全过程整理

当医疗机构的档案部门遇到一系列零散的文档汇集，或者其档案储存体系面临着严重的破坏时，便迫切需要展开全过程整理工作。此项工作从收集到的资料入手，按照既定步骤对这些文件进行系统的分类和融合，目的是恢复或构建一个结构清晰、运作高效的档案管理系统。

（二）医院档案整理工作的原则

1. 充分利用原有的整理基础

在整理医院档案的过程中，尊重并充分利用原有的整理基础是提高整理工作质量和效率的重要原则。这种方法的核心在于秉持着实事求是的态度，继承和保持已经建立的档案整理体系，同时在必要时进行恰当的加工整理，以满足当前和未来的利用需求。

（1）不全盘否定原有整理基础的重要性。虽然随着时间的推移和技术的发展，某些旧有的整理方法可能不再适用，但这并不意味着需要完全摒弃。在许多情况下，原有的整理体系中仍然包含有价值的思路和方法，可以在新的整理工作中加以继承和利用。例如，传统的分类方法或索引系统，经过适当的调整和优化，仍然可以在电子档案管理系统中发挥作用。

（2）不轻易打乱已有的整理体系是尊重前人工作和维护档案秩序的表现。每一套整理体系的建立都是基于当时的实际需求和条件，反映了一定的逻辑和规律。在没有充分理由的情况下随意改变这些体系，可能会导致信息的丢失或混乱，降低档案的可用性和可靠性。因此，在进行档案加工整理时，应当谨慎考虑，权衡利弊，确保任何调整都是为了更好地满足当前的利用需求，而不是出于一时的便利或偏好。

2. 保持文件之间的历史联系

文档的历史背景揭示了它们在创建和处理过程中形成的相互作用和联系，这些联系通常被认为是文档的"内在联系"或"有机联系"。虽然医院的档案资料最初是作为独立的单个文档逐步产生的，但它们实际上是以一种联合的集体方式进行存储和演变的。因此，当整理这些档案资料时，保持它们之间的根本联系变得至关重要，这有助于将这些文档整合成一个科学的、有机的结构，从而准确地映射出历史事件的真实轮廓和文档内容的结构体系。

文档之间的历史联系远远超出了它们生成背景或单一方面的范畴，它涵盖了多个维度，如文档的起源、创立时间、主题内容以及它们的格式结构等。这些元素共同形成了一个复杂的联系网络，确保了每个文档都不是孤立的，而是与其他文档紧密相联，展现了深刻的内部联系。通过识别和保持这些联系，我们可以更全面地理解文档的意义，以及它们在整个档案系统中的地位和功能。

3.便于保管和利用

在整理医院档案的过程中，保持文件的历史连续性是至关重要的，但同样重要的是要确保档案的存储和检索方便。尽管文件之间的关系有助于简化管理和便于获取，但这并不总能保证存取的高效性。例如，会议记录具有多样性，包括纸质文档和各种电子媒介如胶片和磁带，此外文件的性质多变，从机密文件到公开资料，有的需要永久保存，有的则只需暂时保留。我们若仅仅保持这些文件的顺序关系，并一起存档，可能会导致存储和检索上的不便。因此，在处理这类多样化的档案资料时，采用单一的原则是不可行的，需要根据档案管理的具体需求，针对不同类型的档案——它们在记录形式、媒介材料、保密等级以及保存的价值等方面有所不同——进行精细化的分类和安排。这要求我们根据实际情况灵活地处理和组织这些档案，同时适度优化它们之间的联系，以实现既维护档案历史的连续性，又确保管理和使用的便捷性。

（三）医院档案整理工作的意义

随着我国在多个领域持续取得显著成就，我们预见档案的数量和类型将会进一步增加。为了保障这些庞大的档案资料能够被迅速而全面地收集并进行科学化管理，以便为各项服务提供坚实的支撑，档案整理在医院档案管理系统中扮演着至关重要的角色。档案整理不仅有助于维护信息的完整性，还保障了档案资源的高效使用，这对于增进工作效率和提升服务品质有着重要的作用。

1.揭示了医院文件之间的有机联系，更容易发挥其作用

保存医院档案的核心宗旨，在于确保这些档案能够在需要时迅速而有序地为医疗机构的发展提供支持。这一过程要求医院档案管理部门对所有现有的记录进行周密的管理和有序的安排，以便于实现上述目标。考虑到医院记录的庞大体量和复杂性，没有经过仔细策划的文件将难以检索，仿佛"大海捞针"。如果档案

未经排序或规范，那么其所蕴含的历史价值和对相关事件的全面反映将大打折扣，进一步削弱其本应具有的实用性，使得基于档案的深度研究和分析变得极为困难。因此，优先任务便是对这些信息进行规范化管理，通过创建详细的索引和目录，使之条理化；简化检索和使用过程，确保档案整理工作能有效支持各类需求，进而促进从多维度对这些记录的利用。

2. 是医院档案管理所有业务活动的关键环节

整理医院档案，不单是提高检索效率和使用便捷性的手段，它更是构筑一套稳固的医院档案管理架构的关键。在整个医院档案管理的操作过程中，档案的收集阶段标志着整个工作的启动，而实现档案的有效应用则被视为最终的目标。在这一系列的管理活动中，档案整理的任务显得尤为关键，它不仅连接着各个阶段，保证了管理流程的连贯性和顺畅性，而且还在整理环节中，通过对档案收集品质的复审和评定，对整个收集过程产生了正面影响。此外，档案整理过程中的综合性分析，结合了档案的价值评估，对档案进行了深入的分析与核查，这一步骤对于确定档案的保管期限和价值至关重要。经过系统化整理的档案，为档案的保管、统计和审计工作提供了明确的对象和基础单元，同时也为档案检索工具的制作和参考资料的编纂提供了坚实的基础。这样的整理工作，确保了医院档案管理的高效和系统，对医院的日常运营和长期发展均有着不可忽视的贡献。因此，档案整理工作对于充分发挥档案的作用、达到档案工作的目的、奠定档案管理工作的基础，具有重要的意义。

3. 是实现医院档案管理现代化的要求

采用现代化手段管理医院档案，要求我们对档案实体加以整理，使之达到一定的系统化程度。例如，计算机库房管理系统、编目系统都需要以医院档案实体的一定体系为基础，档案缩微化更要求档案原件系统有序，具有有机联系的档案可以达到相对集中。档案管理的现代化，也需要以档案的系统整理为基础。

二、医院档案整理的编目工作

医院档案的编目工作与常规档案大致相同，内容很多，这里仅就卷内目录、案卷目录、档号几个问题简述如下。

（一）卷内目录

它是案卷内登录文件题名及其他特征并固定文件排列次序的表格，通常排列在卷内文件之前，在填写卷内目录以前要进行一些准备工作。首先是进行卷内文件排列，使文件在卷内有固定的位置，整齐有序，便于人们查找利用，如遗失也能随时发现。这项工作一定要在案卷的组合正式确定下来以后再进行，以避免返工和无效的劳动。卷内文件排列的方法很多，一般采用以下几种方法：按时间排列（根据成文日期排列）；按卷内文件的重要程度排列；按作者排列；按问题排列；按地区排列；按文件名称排列。

其次是编卷内文件的页号，卷内文件排列好固定位置以后，就要把文件编上号（有字的页，有一页编一页）。编号的作用是：固定文件排列顺序，便于查阅卷内文件和统计数量，一旦有遗失和损毁，能够及时发现，同时也为电子检索做好准备工作。为了保护文件且便于改动，在初次编页号时最好用铅笔，过一段时间无大的变化后，即可用钢笔或打号机打号固定。

现在有的单位把编写卷内文件的页号，改为编写卷内文件的件号（一份文件一个号），这样做比较简单，一个案卷有几份文件就编几个号，可以节省不少时间。但是它和编页号的作用不同（注意：每份文件都有各自的编号，否则文件遗失几页也无从查起）。因此，编件号应当根据具体情况，慎重采用。对于不装订的案卷，要逐件编件号，并按份装订，编号位置在每件首页的右上角。

上述准备工作就绪后即可填写卷内文件目录。凡是需要长期或永久保存的案卷都应该填写卷内文件目录。它的作用是向使用者介绍卷内文件的情况，以便于查找卷内文件，同时起到保护卷内文件的作用。

短期保存的案卷和卷内文件份数很少或者案卷标题能清楚反映卷内文件情况的案卷，可以不填写卷内文件目录。

卷内文件目录包括顺序号、文件标题、日期、份数、页数、备注。

填写方法：一般情况下，多数案卷就是按照文件的排列顺序逐件登入卷内目录。如果某些案卷内文件的问题和名称相同，可以不按卷内目录的项目逐一填写，采取较为易行的省略方法。还有某些涉及具体人的案卷，除了人名不同以外，其他内容相同，此时，在案卷标题已经标明卷内文件内容的情况下，卷内目录可以只登人名及页号，不必一一登录内容。

应注意，卷内目录要用毛笔或钢笔准确清楚地填写，不能用复写纸和圆珠笔、铅笔；对文件标题不要随意更改或简化；没有作者或日期的文件，应尽量考证清楚；会议记录应写明哪次会议和时间；卷内目录填好以后，放在卷内文件的前面，连同卷皮与卷内文件一起装订。

在卷内还要填写备考表。它是案卷内文件状况的记录，通常排在卷内文件之后。立卷人员应将需要说明的情况写在备考表上。填写卷内文件的页数（大写）以及是否有损坏情况，后面由填写人签字并注明日期。如以后页数有变化，或者卷内文件有新的损坏情况，都要加以记载（比如，什么原因卷内文件减少或增加了若干页）。备考表排在卷内最后一张，也可印在卷皮底封的里面。短期保存的案卷，可以不填卷内目录和卷内备考表。

（二）案卷目录

表册在档案管理中起着核心作用，它通过记录案卷的主要信息，如标题和关键特征，为案卷的组织和检索提供了一个明确的框架。这一体系的建立，确保了档案的有序分类和案卷的准确排序，标志着档案整理工作的基本完成。它详尽地概括了每一份档案的内容，极大提高了人们寻找特定案卷的效率，是档案研究和应用中不可或缺的工具。表册的作用不止于此，它还为其他索引工具的编制提供了必要的数据支持，成为档案记录和统计分析的有力工具。此外，它在确保档案的安全存储和保护上也发挥了重要作用。通过这种方式，表册加强了档案管理的整体效能，确保了档案资料的可靠性和可访问性。

为了确保案卷目录的精准性和高效管理，必须慎重执行两个核心环节。

第一，关键任务是对分类好的案卷进行条理化管理。这一过程要求根据预先设定的分类框架，准确无误地为每个案卷在其所属类别内确定具体的位置和顺序。这一阶段的管理既包括跨不同类别的案卷整合，也涉及同一类别内案卷的排序，全都要严格遵守既定的分类标准。例如，在按年度分类的体系中，同年的案卷应按时间顺序排列；如果是根据组织结构分类，那么我们可以按照组织层级或结构图的逻辑顺序来整理案卷；如果是按照问题类型分类，则需要根据问题的紧急程度和重要性来决定案卷的排列顺序。

第二，一旦案卷在这个有条不紊的体系中被赋予了明确的次序和位置，下一步要为每个案卷分配一个独特的标识号码，即案卷编号。这个环节的目的在于锚定每个案卷的具体位置，从而大幅度提升检索效率和简化文档引用流程，确保案卷管理的便捷性和准确性。

我们在上述工作完成以后，就可以进行登记案卷目录。编制案卷目录，通常是在立档单位内完成。有条件的现行机关、企业事业单位，一般由文书处理部门负责编制，然后连同案卷向档案室移交。在较小的基层单位，应由办公室文书、档案人员负责编制。

案卷目录的结构包含了若干关键组成部分，它们共同构成了案卷的完整框架。首先，封面作为案卷目录的门面，提供了案卷的基本信息和视觉第一印象。其次，说明部分详细介绍了案卷的编制原则、使用指南以及其他重要信息，旨在为使用者提供清晰的背景和指引。接下来，目次部分列出了案卷内各个文件或资料的顺序和位置，便于使用者快速检索。简称与全称对照表是为文献中出现的各种缩写或简称提供清晰的对照，以便读者能够准确理解文献内容。案卷目录表进一步详细列出了每一项文件或资料的具体信息，如标题、日期等，是案卷内容组织的核心。最后，备考表包含了编制案卷过程中的注释、参考资料或其他补充信息，为使用者深入研究或核查提供便利。封面、说明、目录表构成了案卷目录的主体部分，承担着引导和信息传递的重要职责。这些部分相辅相成，共同确保了案卷目录的完整性和实用性。

1. 封面

案卷目录的封面主要包括全宗号、案卷目录号、目录名称（就是类别或年度的名称）、编制单位（相当于立档单位）和形成案卷目录的时间。如果档案已分印成若干套，还应注明"第X套"，如果分开保管期限编制的案卷目录，还应在封面上注明"保管期限"一项。

2. 说明（又称案卷目录序言）

在案卷目录的开始，应该对案卷数量、分类和立卷的原则、档案整理的情况、存在问题做简要说明。有的案卷目录说明，还扼要地介绍了档案产生的历史背景、机构变迁以及档案管理方法的改进情况等。这对于档案管理人员尽快熟悉档案，了解历史背景，进一步提高案卷质量是十分重要的。由于"说明"中介绍了档案的特点、案卷内容和档案的存放情况，因而它为档案利用提供了方便。

3. 目次

根据全宗内容的分类排列情况，分别写明各个类、项、目的名称及其所在页码。它是案卷目录的目录（索引），对案卷数量多的大全宗而言是十分必要的。

4. 简称与全称对照表

对于案卷数量较多的大全宗，还应列出简称与全称对照表。这主要是针对案卷标题或内容，由于作者、机关、地区等全称过长，需要简化，按照统一的规定，列出对照表供利用者查用、核对。

5. 案卷目录表

这是案卷目录的主体部分，管理者应该认真逐项填好。

（三）档号

在档案管理领域，档号是极为关键的一个元素，它代表的是在整理和管理档案过程中分配的一组特定的文字与数字编码。这些编码并非简单的数字字母组合，它们蕴含着各种重要信息，比如全宗号、分类号、案卷目录号、案卷号、件号以及页号等，每个组成部分都携带着独特的信息。档号的设计旨在简化对不同档案种类及其相互关系的识别，同时在档案的整理、统计分析、检索、使用以及日常仓储管理等众多环节中起到了关键作用。得益于这种详细的编号制度，档案管理与应用的效率和规范性得以提升，这对于增强档案工作的规范化和现代化具有重要意义。

在创建档号时，遵循一定的基本原则是必然的，这有助于保证档号的有效性和实用性。

1. 唯一性原则

档号指代单一，一个编号对象应只赋予一个代码，一个代码只表示一个编号对象。具体地说，在一个档案馆内不应有重复的全宗号，在一个案卷目录内不应有重复的案卷号，在一个案卷内不应有重复的件号或页（张）号。如违反了上述唯一性原则，在规定的范围内出现了重号现象，那么档号的指代功能便会出现误差，导致整个档案管理活动出现混乱。

2. 合理性原则

为了维护档案的条理性和便于查询，必须确保档案编号与其分类、组织结构相匹配。比如，在管理科技相关档案时，使用基于类别的编号而非传统案卷编号不仅更能体现档案特性，还有利于专业化的管理。同时，在使用序列编号对档案进行排序时，需要保持编号的顺序连续，避免编号中断，以保持档案系统的有序性和高效检索。

3. 稳定性原则

一旦档案编号被设定，应避免任意修改。对于那些需要重新编号的档案，必须在文件封面、档案盒以及相关目录、索引、指南和电脑数据库中进行必要的更新，以确保档案的物理存储位置与检索系统中的编号保持完全一致。

为了提升文件管理效率并确保快速的信息检索，每一组档案都被指定了独一无二的识别码，称为全宗号。这套编号机制的设计初衷是为了明确区别各个档案组，避免不同组别的文件混杂，并确保相同组别内的文件得以集中存储。鉴于档案馆可能存放着众多的档案组，利用全宗号来对这些文件进行组织和标注显得格外关键。这种方法简化了文件的存档与查找过程，此外全宗号一经确定便应保持稳定，以免引起不必要的混乱和管理上的困扰。全宗号作为一个关键工具，使档案管理人员能够快速确定借阅者所需文件的所属组别及其确切位置，从而提高了文件检索的效率和精确度。此外，频繁变更全宗号会严重影响档案人员的日常操作，增加在查找和维护文件时的难度。全宗号的一致性不仅对档案馆的内部管理至关重要，也便于与其他档案管理机构进行交流和统计分析。数据的准确统计对档案管理至关重要，而全宗号的稳定性确保了数据的一致和可信。这种做法减少了统计时可能遇到的混淆和错误，确保档案信息的准确交流和使用。因此，保持全宗号的不变性不仅是档案管理的最佳做法，也是保障文件利用得高效率和准确性的关键。

全宗号的分类和编排主要采取三种方式：首先，它们可以根据不同的系统领域进行分类，如党政机关、司法机关、产业与交通、农林业、金融与商业、教育文化以及科研技术等；其次，可以按照归档单位的级别或其重要性进行排序；最后，档案的编号也可以基于它们被归入档案馆的具体时间顺序进行排序。实践表明，对于那些同时被存入档案馆的记录，前两种排序策略相当有效。然而，随着新的档案持续增加，这些编号可能需要调整，相较而言，基于时间顺序的编号方法则显得更为简洁和有效。

至于全宗号的具体表示方法，一般采用一种四字符标识法，其中第一个字符使用汉语拼音的首字母来指示档案所属的类别，紧接着的三位数字则用于标明该类别内全宗的具体编号。

在一个全宗中，由于档案的数量众多，单一的案卷目录册可能不足以记录全部信息，因此会产生多本案卷目录。为了保持组织和检索的便捷性，这些案卷目录需要被逐一编号。这种编号，即案卷目录号，是对全宗中每一本案卷目录唯一标识的重要手段。案卷目录号的制定采取多样化的方法，以适应不同的档案管理需求。例如，如果每年编制一本案卷目录，那么可以按照年份顺序进行编号；而对于根据保管期限划分的案卷目录，编号则可以依据档案的保管期限——永久、长期或短期来排序。此外，案卷目录号的设置还应充分考虑档案整理的具体情况，以及档案的多样性。这意味着，可以根据档案的时间区间、专题内容、所属组织机构、保管期限、类别以及载体形态等因素来设定案卷目录号，从而更精确地反映档案的特点和归档逻辑。通过这种方法，不仅增强了档案管理的系统性和科学性，而且也方便了档案的查询和利用，确保了档案信息的准确性和完整性。

案卷目录号一般采用流水顺序编号法，必要时可在顺序号前加上表示档案保管期限、载体形态等特征的代字。如，"永13"表示确定为永久保管的第13号目录。

当案卷目录所含案卷数量不超过100卷时，不另立案卷目录。案卷目录内案卷数量超过99卷时应另立案卷目录，另编案卷目录号。案卷目录号一经确定不能轻易改动，必须保持不变。

在整理档案的过程中，我们首先要对每个档案的次序及其存放位置进行规划，这是个非常关键的环节。之后我们为档案赋予一个顺序编号，也就是案卷号，是档案管理常用的一种基础方法。案卷号的作用不仅是为了识别每份案卷，也有助于保持档案的整齐排列。

每份文档都会被指定一个独特的编号，这可以是件号或者页号，用以标明其在案卷内的确切位置。这种编号方式不仅展示了文档之间的顺序关系，也便于在未绑定的案卷中迅速找到特定的文档。因此，维持编号的连续性并防止出现间断是非常重要的。

尽管编号的工作看起来简单，但它的重要性不应被忽视。任何编号上的疏漏或错误都可能导致重新整理档案，从而浪费大量的时间和资源。

总之，档案管理的规则非常严格，它要求每个档案机构在全宗、案卷目录、案卷和页面上的编号都必须保持唯一性，以免造成混淆。这些编号一旦设定，就不应轻易更改，因为它们是档案检索的关键，任何更改都可能影响档案检索的精确性和效率。

三、医院档案整理的类型

医院档案整理的类型与常规档案整理的类型大致相似，主要如下。

（一）全宗

1. 全宗及其作用

全宗概念涉及那些由政府部门、社会组织或个体创造并维系其相关性的文件汇集，这些集合构成了档案管理和归类工作的核心。在我国，全宗的分类基于创建它们的实体和全宗内容的独特性，主要划分为两大种类：一种是由机构或组织产生的全宗，另一种则是围绕个人建立的全宗。考虑全宗的涵盖范围和内部结构，它们进一步被细化为独立全宗、联合全宗、汇集全宗和档案汇集这四个子类别。

全宗的概念涵盖了如下三个重要方面。

（1）全宗是有机联系的文件整体

全宗被认为是一组相互关联的文档的总和。这种看法突出了全宗的整体性和一致性，强调无论档案是由政府部门、社会组织、个体还是特定项目活动生成，它们都完整地反映了各自的多元活动和相互作用。全宗在国家档案系统和档案管理的分类中占据中心地位，它对于防止档案的分散和混淆至关重要。中国的相关政策，比如1983年由中共中央和国务院颁布的档案管理规定，为全宗的保持完整性设立了法律架构和支持，例如，"一个机关的全部档案是不可分割的整体，应统一向一个档案馆移交"[①] "进馆档案应保持全宗的完整性"[②]。

---

① 机关档案工作条例 [J]. 档案工作，1983，（03）：3-5.
② 档案馆工作通则 [J]. 甘肃档案，1983，（04）：2-3+32.

（2）全宗是在一定的历史活动中形成的

全宗的形成是历史过程的产物。它源于社会活动的自然发展，反映了档案生成的背景和特点。

（3）全宗是以一定的社会单位为基础而构成的，它说明了特定的档案整体的来源和界限

全宗是依据特定社会主体而形成的，界定了档案来源与界限。它依据档案生成的机构、组织或个体进行定义，为档案整理工作提供了清晰的识别依据。1987年，国家档案局发布的标准进一步明确了全宗的概念，并突出了其在档案管理实践中的重要性。

全宗理论的形成是档案集中管理实践逐步发展成果，随着档案事业的推进而持续优化。中华人民共和国成立以后，我国在吸收旧中国档案学理论遗产的基础上，参考外国档案工作经验，在辩证唯物主义和历史唯物主义理论指导下，加强对全宗理论的研究，并在以后陆续发布的关于档案工作一系列的通则、条例中，对全宗问题做了明确规定。中华人民共和国成立以后，档案已成为国家所有的财富，实行集中统一管理。全宗理论的发展与完善，既促进了档案科学管理水平的提高，又逐步丰富档案学研究的内容。

档案为什么必须以全宗为单位整理呢？

首先，通过将档案以全宗为核心来组织，我们不仅能够深刻把握档案资料的核心要义，还能够基于这一深入的理解，对档案的价值进行更为精确的评估，为档案资料的高效利用奠定了坚实的理论和科学基础。当从全宗的角度出发对档案进行分类和整理时，我们能够更加全面地揭示出机构或个体在其活动中所展现的独特特征，这不仅简化了档案资料的检索和应用流程，也使得研究人员能够以一种全面和系统的方法，深入挖掘历史人物或机构在其历史活动中所积累的宝贵知识和经验。

其次，作为档案管理中的核心概念，全宗在档案整理和管理的全过程中发挥着至关重要的作用。我们将全宗置于档案分类、编目、评估以及统计的中心位置，可以有效预防档案管理过程中可能出现的混乱状态，从而确保对档案的有序组织。明确识别并区分不同的全宗，是档案整理过程中的首要步骤。

最后，在档案整理的实践中，运用全宗方法不仅仅是一种操作技巧，它还涉

及档案管理的理论基础。按照全宗对档案进行分类和管理，这一做法使得档案管理与图书或其他类型文献的管理方式区别开来，有其特征。确保同一全宗内的档案集中存放，避免不同全宗间档案的相互混淆，是保持全宗完整性和发掘档案潜在价值的关键环节。

总之，我们不应该把全宗理论绝对化，从而忽视全宗理论不断发展的规律，同时也要防止把全宗问题看得过于简单，甚至取消"全宗"的理论。"全宗问题"不解决或解决得不好，都将直接影响档案整理工作的进行。所以，我们整理档案必须以全宗为单位进行。

2. 立档单位及其构成条件

立档单位是构成档案全宗的国家机构、社会组织、个人或生产建设、科研项目的组织者，通常称为"全宗构成者"。

立档单位与通常所说的各机关、单位，多数情况是一致的，但也有不一致的情况。那么，什么样的机关单位是立档单位，什么样的机关单位不能够成为立档单位，应该有一个划分的条件和标准来确定，即，主要分析它是否能够独立行使职权，并能以自己的名义对外行文。通常情况下，在工作上、组织上、财务上有一定独立性的单位均为立档单位。构成立档单位的具体条件如下。

（1）它能够独立履行其职能，并具有自主与外部进行正式交往的资格。

（2）作为一个会计单元或财务独立的实体，它有权设定自己的预算和财务计划。该组织配置有管理人力资源的部门或人员，并具备一定的职员任免权限。

上述标准描绘了构建一个正式立档单位所需的关键要素，并指出这些要素相互之间的连接性。在大部分情况下，这些要素往往是相辅相成的。尽管如此，还是存在一些特例，例如有的实体在业务或职能上可能自主运作，但在组织架构或财务管理方面却可能不完全独立；或者相反，有些实体在职能和组织结构上可以自足，但在财务上仍依赖于上级或其他组织。这种差异使得实际情形相当复杂。因此，判断一个机构或实体是否能成为一个独立立档单位的关键在于评估它是否具备自主执行职权和与外界沟通的能力。

在执行档案管理任务期间，对机构是否满足档案建设资格的评估包含了两个关键的维度。首先，根据相关的法律和政策框架进行细致的审查是必不可少的步骤。这涉及对机构的宪章、政策指南、操作规程以及会议纪要等关键文件的全面评估，这些建档的基础性文件通常清晰地阐述了机构的职责范围和具体职能，从而为判断其是否达到建立档案资格的法律标准提供了坚实的依据。其次，对于机构日常的运作模式进行细致的观察和评价也是不可或缺的。那些拥有完善的文档管理体系的机构，更可能被认定为符合档案建设的要求。同时，考虑机构的官方命名和认证印记等元素，这也能为评估其是否具备建档资格提供额外的参考。借助这样深入的考察，我们能够更加精准地识别出具备建立和维护档案资料能力的机构。

还有一种情况值得注意：确定一个单位是不是立档单位，不能以这个单位人员的多少、权限的大小和形成档案数量的多少来确定。有的单位人员并不多，权限也不大，形成档案的数量比较少，但是，它却具备了上述三个条件，是一个独立的机关。这样的单位，就是一个立档单位，它所形成的档案，应该构成一个单独的全宗。相反，有的单位内部组织机构权限很大，形成档案的数量也不少，但是它不具备上述条件，不是一个独立的机关，这样的单位就不是一个立档单位，它所形成的档案，也就不能构成全宗。

各机关、企业、事业单位党组织的档案，工会、共青团等组织的档案是立档单位档案的有机组成部分，应作为一个全宗来看待。单位里的党委（党组）、总支、支部以及共青团、工会组织，它们不是独立的机关，但它又不是机关内部的一个行政机构。根据我国档案管理的核心原则，即实施党政档案一体化管理，要求综合整合各个机关、企业以及事业单位内部的各种档案，包括党务档案、政务档案、工作记录以及团体活动记录，使之构成一个完整的、统一的档案体系。这意味着无论是党的文件、政府的决策记录、工作过程的文档还是团体的活动资料，都应纳入同一个档案管理体系中，确保档案工作的系统性和连贯性，从而提高档案管理的效率和质量。

3. 区分全宗

立档单位的身份特性具有可变性，这种变化对档案分类体系产生了直接的影响。随着社会的不断进步和各项事业的发展，机构可能会经历新的建立、废止或整合，这些变动带来了档案管理上的新问题和挑战，需要我们在处理档案时予以密切关注和进行适当调整。因此，在进行档案分类工作时，必须细致分析立档单位的更新和变化，明确区别出哪些变更是根本性的，需要我们创建全新的立档单位和相应的档案管理体系；哪些变更则是表层的，不必要设立新的管理单元和体系。

在评估一个立档单位是否经历了根本性的转变时，我们需要深入分析它的政治属性和核心职能这两个核心要素。对政府机关、各种组织和事业单位来说，其政治属性的变化是分析的重点。在立档单位的政治属性未发生变化的情况下，我们应该进一步探究其是否在核心职能上发生了重大的变动。

（1）新建

当一个新成立的政府部门或其他类型的组织机构产生了档案集时，这些档案集便可以单独形成一个完整的档案体系。举个例子，一个新成立的涉及城市和农村环境保护的部门，其所形成的档案便标志了一个新的档案体系的诞生。

（2）分开

在某些情况下，一个或多个新成立的部门或单位可能会接替原有的被解散的部门或单位的职能。在这种变化之下，原有单位的职能被新单位取代，并导致原单位被拆分为若干新的单位。在此情况下，如何对这些新旧单位生成的档案进行合理分配成为一个问题。对此，原有被解散单位的档案应被独立保存，形成一个单独的档案体系，而新成立的单位所形成的档案则应各自构成独立的档案体系。

（3）合并

与档案的分离相对应，有时候多个被解散的单位可能会合并成一个新的单位。尽管这些新单位可能在某些方面与原有单位保持联系，但是由于它们的基本职能发生了变化，因此它们所形成的档案应该独立于原有单位，各自构成新的档案体系。

（4）独立

在特定情况下，某个单位可能会从其母单位中独立出来，形成一个新的独立实体，并承担部分原单位的职能。这种情况下，该单位所产生的档案从此便构成一个全新的档案体系。以某市税务局从财政局独立出来为例，从它成立的那一刻起，其所形成的档案便标志着一个全新的档案记录实体的出现。

（5）从属

相对于独立化的过程，有时一个原先独立的档案记录单位可能会被纳入一个更大的组织结构中。这种组织结构的变化导致其原有的独立档案体系不再单独存在，而是成为新的、更大的档案体系的一部分。

（6）合署

两个单位合署办公，即两个不同机构共享同一工作区域，他们仍旧各自管理各自的文档资料。因此，由这些文档资料所生成的档案应当保持独立，进而形成互不相同的档案体系。以一个具体的例子来说，假设某个城市的民主建国会和工商联使用同一套办公设施，他们虽然共享物理空间，但是各自处理的文件和资料是独立的，由此产生的档案也应当区别对待，各自构成单独的全宗系统。

（7）临时

对于那些成立目的是短期或临时性质的机构所生成的档案，一般情况下，不会专门为其设立独立的全宗。这主要是因为这类临时机构的运营活动往往是作为某个永久性机构或是多个机构业务范畴的一部分，它们存在的周期较短，相应地，生成的档案数量也相对有限。然而，对于那些相对独立且存在时间较长的临时机构，其生成的档案可能被认为是足够重要，所以可以单独成立新的全宗。

仅当某个组织的职能经历了彻底的变化时，其档案体系才会形成新的结构。这主要涉及中华人民共和国成立以来的政府机关、企业和事业单位，特别是那些在政治体制或生产模式上发生重大变化的情况，这种前后的变化导致的档案，应当分开管理，形成新的全宗。

不足以促成新的档案结构形成的情形包括：组织的命名更迭、领导团队的替换、内部架构的优化调整、办公地点的搬迁，以及组织活动的中断与重启等。

我们在处理组织的变更及档案结构的分类时，通常面临着诸多复杂性，这要求我们运用档案管理的理论基础进行细致的分析和实地考察，以确保做出精确的评估。

特别在整理历史档案或已解散机构的档案时，经常会碰到包含多个来源的档案杂糅在一起，其中一些孤立文件的出处难以界定。此刻，关键在于明确这些档案所属的具体分类，并进行相应的归纳整理工作。这一过程有助于维护档案体系的条理性，避免出现档案的混乱现象，从而简化档案的查询与应用过程。

在判定档案的归属方面，核心任务是辨认出档案的生成主体。这项工作通常涉及对接收到的文件、发出的文件以及内部生成的文件进行全面审查。

对于发出的文件和内部文件，它们的创建者即为档案的创建单位。只需确认文件的作者，就能确定档案的归属。发出的文件通常有标准的格式，并带有发出机构的印章，因此除了文件格式，还应考察文件的草拟人、审批人、外观特征等以识别文件的创建者。对于内部文件，由于格式的标准化和制作材料的多样性，应更加注重文件的标题、负责人签名、印章和内容。

对于收到的文件，确认文件的实际接收单位即可确定档案的归属。通常情况下，收文会明确指出主送单位或个人，收文机构在接收文件后需要加盖收文印章，并附上阅办单，记录领导的批示意见。通过这些特点，可以确定文件的接收者。在实际判定时，我们会发现文件虽写明主送单位，但是该机关收到后又转给另一机关办理的情况，这种情况下，应该判定实际办理文件的机关才是收受者。

对于全宗混淆状况严重的特殊问题，不能运用通常的方法去判定档案所属全宗，往往要借助文件上的各种标记去判定。比如，承办单位负责人或承办人的签字、批注的记号、收文和归档的印章或其他戳记以及文件上的各种日期等。还可以通过研究文件的内容，根据文件内容所涉及的领导机关和领导人，以及时间、地点、内容、工作范围等方面进行分析研究；也可以利用档案形成机关的收发文簿、文件移交清册及其他簿册、目录来查对文件；或者从文件的外形、标记、笔迹、墨水、载体和书写方面去同标明作者和收受者的文件进行比较和判定，以上这些都是切实可行的。但是，不论用什么方法去考证，我们只有把这些方法联系起来加以综合分析判断，才能比较准确地判定档案的所属全宗。

（二）全宗内档案的分类

1. 分类的意义和要求

在处理档案全宗时，将档案根据其来源、时间节点、内容主题或者是具体格式进行精确分组，是一个关键环节。这种细分旨在为档案的有序管理和高效利用奠定基础，确保档案系统的科学性和实用性。具体而言，适当地将档案分门别类不仅是实现档案管理现代化的重要手段，也是构建井然有序的档案体系的基础。一个机构的文档资料虽然形成了相互依存、不可分割的整体，但仅依据总体框架来组织档案是远远不够的。鉴于机构运作的多样性及其活动之间的相似与不同，细化档案分类，按类别组织，不仅能够明确不同活动或事件的特性，而且还能够促进档案的保护和提高应用效率。此外，随着档案数量的不断增加，只有通过科学的分类和组织，才能确保档案的可持续利用和内在联系的清晰展现。分类不仅是档案整理的初步步骤，也是整个档案管理流程中的核心环节，它对于后续的档案编排、目录编制等工作至关重要。采用基于理论指导的科学分类方法，不仅可以确保档案被适当地归入恰当的类别，还可以保障归类的准确性，这对于日常文档的管理、档案馆的资料整理、编目及存储都有着至关重要的意义。更为重要的是，分类工作为档案的有效管理和便捷使用提供了有利条件，提高了档案资料的可访问性和应用价值。因此，在进行档案分类时，我们应当以辩证唯物主义和历史唯物主义为指导思想，综合考虑档案的起源、内容特征及时间属性，执行细致而周全的分类策略。

档案的分类方法，从古至今是档案管理工作中令人关注的问题。我国宋代的档案管理，就已形成简单的分类方法。清代嘉庆年间，内阁典籍厅曾经整理所藏九万件档案，并编制《清理东大库分类目录》，把全部档案分为25大类，主要是采取按档案文件名称分类的方法。近代，民国时期，分类已成为档案管理诸程序的中心，档案的管理改革首先是档案分类方法的公开和完善。由于当时历史条件的限制，我国档案工作者在寻求科学分类法时，始终受到欧美图书分类法的影响，当时以搬用杜威十进分类法为主。

根据不同立档单位的活动和全宗内档案成分的特点，进行全宗内档案的分类，是一项比较复杂细致的工作，因而对档案的分类有比较严格的要求。

首先，在进行档案的分类工作时，保持档案客观性并且紧随其生成过程中固有的自然顺序至关重要。考虑档案是在机构或组织的常规运营中逐步形成的，它们的分类系统应当根植于这些实体的实际活动之中，以保证档案的原始环境及其创造时的关键联系不被割裂。通过采取科学的分类方法、合理设置分类类目以及精确地划分档案，我们能够确保档案分类在展示其创造机构的职能与活动方面的系统性和条理性。

其次，档案的分类架构应当具备清晰的逻辑性。鉴于档案往往源自处理各种事务的过程，因此它们的内在结构与相互关系往往颇为复杂。为了建立一个有机整合且条理清晰的分类体系，分类过程中必须遵循统一的准则，以避免分类上的交叉和不一致。

最后，档案分类的目标应当聚焦于其实用性，确保档案的存储、检索和利用的便捷性。鉴于不同种类的档案，比如仍在使用中与已经废弃的机构档案，或是特殊格式和载体的档案，它们可能需要不同的分类方法。在分类过程中，我们应当避免采用一种笼统的方法，以免忽略具体情况而导致不恰当的分类。

我们在处理那些具有显著历史价值或政策相关性的档案时，应当以马克思列宁主义和毛泽东思想作为指导原则，根据档案的内容和相关特点合理地安排类别和类目，忠实地反映出创造这些档案的机构的本质和活动，同时揭示档案内容的深层含义以及它们之间的相互关系。

2. 档案分类的一般方法

在全宗档案管理体系中，我们采用了多样化的分类策略，以优化档案的组织和检索效率。这些策略大致可以归纳为以下几种类型。

（1）按文件的产生时间分类

根据档案文件的生成日期来组织档案，这一策略细分为两种方法：一种是依照年份来安排档案，另一种则是基于特定的时间段或历史阶段来整理文件。这样的分类不仅有助于追踪档案的时间线，还方便和满足按时代特征进行研究的需要。

（2）按文件来源分类

文件的来源也是一个重要的分类依据，这包含了从文件产生的背景维度进行分类的三种不同方式：一是按照产生文件的机构或组织进行归类，二是依据文件的撰写者进行分类，三是根据文档交流过程中的参与方进行分类。还会出现，以文件通信参与者为分类标准的方法，通过识别与档案创建单位进行通信往来的不同组织或个人来进行分类，如根据发件人将接收到的文件进行整理，而发出的文件则根据收件人保留相应的副本和原件。

（3）按文件内容分类

依据文件内容的性质进行分类，这方面包含三个主要方法：问题分类法、地理分类法、实物分类法。问题分类方法特别注重根据档案内容所涉及的特定问题进行整理，这与依据产生机构进行分类的方法有许多相通之处，有助于保持文件之间的逻辑连贯性，聚集性质相似的档案，减少重复问题文件的分散，从而提高档案检索和利用的效率。但是，问题分类法在类目如何设置，尤其是档案归类等具体问题上，常常难以掌握，比起其他两种分类方法要复杂一些，困难一些。由于档案工作人员知识与业务水平的不同以及各种因素的影响，采用问题分类法往往不易准确分类。所以，对问题分类法的采用，要根据立档单位和档案工作人员的实际情况来决定。

地理分类法，就是按文件内容所涉及的地区分类。

实物分类法是根据文件所包含的具体内容对其进行分类。

（4）按文件的形式分类

具体包括：基于文件类型（例如名称）进行的分类、根据制作文件所用的材料进行的分类，以及依据文件的外形进行的分类。

而在所有这些分类方法中，通常只有三种被频繁使用，分别是：年度分类法、组织机构分类法与问题分类法。

3. 分类方案的编制要求

档案在全宗内的整理主要依靠一个被称作分类方案的工具来实施，此方案能够通过文本或图像的形式来清晰地展示档案的各个类别。我们在确定采纳某一综合分类法后，就需拟定一份详尽的分类计划，即分类大纲。构建这种分类结构时，必须考虑几个重要因素。

（1）统一性

在制订分类计划的过程中，首要任务是选择一个合适的分类策略。对于第一层级的分类，需要确定一个适宜的方法，而对于第二层级，则需明确具体的分类标准。

比如，第一级分类是采用年度分类，就不能同时并列组织机构或问题名称。如果是采取两种分类法的联合，那么不仅分类的第一级是统一的，而第二级也应该是统一的。比如，采用年度—组织机构分类法，第一级分类是年度，第二级分类是组织机构。

（2）排斥性

分类方案中同级的各类，对于地位相等、内容互相排斥的（不能你中有我，我中有你），类的范围必须明确。比如，按问题分类，所设问题各类地位相等，不能相互包括。

（3）伸缩性

档案是社会实践活动的产物，而社会实践活动是丰富多彩的。工作内容时而增加，时而减少；组织机构时而撤销，时而合并。因此，分类方案中的各类，均应留有伸缩的余地，可以增加或减少类别，以适应客观变化的需要。

为了使分类方案编制科学实用，我们在编制分类方案前还应该做好调查研究工作。首先，对于立档单位的组织章程、办事细则、工作计划与总结都要认真分析研究，从中了解和掌握立档单位的工作性质、职权范围、业务职掌，以便决定采取合适的分类方法。其次，参考本单位原有档案，如果本机关已有旧卷，应该在原有档案分类基础上做周密研究并吸取其合理部分，以补充与修正现有档案的分类方案。最后是多方征求意见，经机关负责人批准施行。科学而实用分类方案的形成，必须及时征求文书与业务承办人员的意见，因为他们对文件的内容与成分比较熟悉，尤其是经办人员对事件、问题的处理过程，有更彻底的了解，我们要随时征求他们的意见，集思广益，防止闭门造车。分类方案实施以后，往往发生文件与分类方案不尽相符的情况，造成分类困难，对此应该随时交换意见，商讨分类项目或增或减，清除障碍，并交领导人审核批准。

（三）立卷

1. 立卷的意义

各个机构和单位进行日常工作时产生和应用的文档，在完成其职能后，必须要经过精心的归纳和编排，以形成统一的档案集合，这一过程被称为立卷。立卷实质上是将众多文件汇编成一定顺序的整体，形成一个完整的案卷，它是保存文书记录的核心单元。文书档案的立卷不仅标志着文书处理活动的圆满结束，而且是整个档案管理工作的根本，承载着极其关键的作用。这一流程确保了信息的有序存储和高效检索，对维护机构的历史记录和运营透明度具有不可替代的价值。

首先，文件组成案卷，便于查找利用。文件是机关活动的一种办事工具。它的现实作用消失以后，备作查证、参考和具有史料的功能又显现出来。然而，文件是在机关实践活动中逐份形成的，文件这种形成的分散性与利用的系统性，往往在实际工作中会出现矛盾。实践证明，单份文件不仅零散杂乱，不便利用，而且也容易磨损和遗失，不便于管理。所以，单份文件应该立卷，使文件最终转化为档案，便于充分发挥其作用。

其次，文件组成案卷，便于保护文件。如果单份文件适量地组合一起，采用比较结实的卷皮妥善保管好，可以避免文件的破损和散失，便于管理和长久保存。所以，机关单位的档案室和各级各类档案馆，一般是以案卷作为基本保管单位来进行编目、保管、鉴定、统计和提供利用等各项工作的。

2. 立卷的原则和要求

立卷的原则主要是按照文件的历史联系进行立卷。这是因为，首先，在立卷中只有保持它们之间的历史联系，才可能解决文件的凌乱状态和系统化的矛盾。一方面文件从产生经过办理，到立卷归档为止，是一个客观的发展过程；另一方面这个过程不是杂乱无章的，它的内在的、必然的联系和共同的本质属性，不断重复出现在这一发展过程中，直到它们转化为档案为止，之后又开始新的过程。

其次，文件的历史联系是多方面的。比如，文件的内容、形成的时间、文件作者和名称等都有一定的联系。因此在文书立卷过程中，我们要仔细研究文件要解决什么问题，在什么时间由哪个部门，根据什么情况，什么指示形成的，然后决定采用什么方法去立卷。尽管文件种类繁多，具体内容千差万别，只要认识了文件之间的内在联系，立卷时就有章可循，能够保持文件的历史联系。

最后，按照机关工作活动的规律，正确反映本机关的主要业务工作情况，就能正确地体现保持文件之间历史联系这一基本原则。各机关在处理一个问题、召开一次会议所形成的一组文件，自始至终是有密切联系的。它反映了机关的客观实践活动，不应该任意拆散，而应当尽力保持这种历史联系，如实地反映机关工作活动的本来面貌。

在立卷原则指导下，立卷还应有如下要求。

（1）立卷要便于保管、查找和利用

文件如果不进行立卷，就会使本来存在内在联系的各种文件，处于非常零散的状态，即使是很有价值的文件，也会因其孤立存在而降低它的使用价值，或者因其难于查找而很难发挥作用。因此，在整个立卷过程中，我们要紧紧抓住便于保管和利用这一根本目的，全面而细致地做好文书立卷工作。

（2）立卷时必须考虑文件的不同价值

按三种保管期限分别立卷、分别编目、分别保管已成为立卷工作中的一种普遍做法。区分文件的不同价值，决定了文件的组合，影响着案卷的质量，关系到档案的管理。它与保持文件之间的历史联系一样，在整个立卷过程中是普遍起作用的因素。

既要保持文件之间的历史联系，又要区分价值，二者在立卷时发生矛盾怎样解决？有人认为保持文件之间历史联系已经能够解决后者的问题，这种看法不够全面，因为两者是两个范畴：前者指的是文件内容和形成过程，后者指的是文件的重要程度和不同作用。有时二者是统一的，例如请示与批复、会议记录等，但这种情况较少。也有人认为立卷时先区分价值，后考虑联系，这也是片面的。因为立卷时只有把握住文件之间的联系，然后才有可能准确地区分价值。保持文件之间的历史联系是起主导作用的因素。一项方针政策的贯彻执行、一次会议的召开、一个案件的处理都会形成一系列文件材料，在立卷时把它们集中到一起，就是文件之间的联系在起作用。但是，立卷受多方面因素的影响，其中文件的价值是很重要的一个因素。一次大型会议形成的文件很多，可按三种保管期限分别立卷：其中的重要文件，如会议报告、总结、会议纪要可以组成永久卷；典型发言、讨论文稿可组成长期卷；会议简报、会议参考材料可组成短期卷。从具体案卷看似乎割裂了文件之间的联系，但从整体上看却反映了这个会议的整体情况，保持了文件之间的历史联系。可见，处理好两者之间的关系，矛盾是可以解决的。

3. 立卷的方法

为了掌握文件的本质及其生成的背景，我们需要识别并关联文件间的相似性，进而将拥有这些相似性的文件编组成档案。一般来说，这种归类工作依据六个核心特征来执行，这些特征共同定义了文件归档的标准。从文件的实际情况出发，运用六个特征立卷，就是立卷的基本方法。目前采用的立卷方法主要有：按问题特征立卷；按作者特征立卷；按时间特征立卷；按文件名称特征立卷；按地区特征立卷；按通信者特征立卷。

上述六个方面的特征，具体反映了文件之间错综复杂的异同点，反映文件之间的联系是多方面的。在进行文件管理时，这六个方面不都能被同时采纳。我们应根据具体文件的状况，深入分析文档之间的主要和密切关系，挑选出最突出的特性以便分类存储。这些维度在应用时存在差异，尤其是在作者身份、议题内容及文件命名等方面更为常见，特别是议题内容的标识使用最为普遍。然而，这些特性的利用并不是孤立的，而是需要整体考虑。在利用这些特性进行文件分类时，我们必须遵循一定的原则和方法，重视识别关键特征和共同点。对于涉及相同议题、项目、工程或作者的文件，需要考虑存储期限、体量及其相关性等多种因素，并将其与其他特性相结合以进行进一步的划分。

我们在归档工作中，常遇到复杂情形，有必要回避两种极端。一是过分注重文件间的连接，而忽略了存储期限的不同以及不同机构间不必要的文件复制，这是一种应当避免的情况。二是不应采用"绝对分级"的方法。虽然合理的分级是可能的，但是忽视不同级别文件之间联系的紧密程度的分级是不适当的。所有紧密相关的文件，不论属于哪一级别，都应该一同被归档。

在归档流程中偏袒某一特定方面是不妥的，我们应依据文件本身的具体内容，全方位考虑归档的基础需求，既要保留文件之间的主要连接，又要便于存储和调用；既要遵守相关的规定，也不能刻板地一概而论。

四、医院档案整理的组织管理

组织管理，主要是指运用计划、组织、协调等基本活动，有效地利用人力、物力、财力，发挥最高的效率，达到管理好档案便于利用的目的。

（一）整理工作方案

医院档案馆或者档案室在对某一个全宗档案进行整理的时候，尤其对积存零散文件，首先要了解两方面的情况，一是立档单位的情况，如立档单位成立、变动和撤销的时间和原因；立档单位的职能、任务、隶属关系，以及内部组织机构的设置和文书处理工作情况。二是全宗内档案的情况，如档案的数量、内容、成分和所属年度；档案的保管情况、整理情况、完整程度；对原整理状况的基本估计。

基于对当前状况的深入分析，我们将进入一个阶段，该阶段主要涉及工作计划的策划、交流和确立。此计划将详细说明整理任务的具体规范和执行策略，涵盖了一系列要素，如分类指南、流程步骤、团队配置、职责分配及预期的项目完成时程。整理工作方案一般以全宗为单位编制。当整理互有联系的或同类型的若干全宗时，我们也可以将其合编为一个整理工作方案。整理工作方案是整理档案，尤其是在整理积存档案时，对于不可缺少的计划性的指导文件通常要经过周密的调查研究和有关领导的批准。

（二）立档单位和全宗历史考证

我们在整理医院零散档案时，一般是从调查研究和了解立档单位的沿革和档案状况开始的，并将其写成书面材料，这个材料就是"立档单位和全宗历史考证"，或者称为"立档单位和全宗历史情况说明"。它可以作为档案整理工作方案的一部分，也可以作为一份单行材料。立档单位和全宗历史考证，对档案的管理和提供利用有多方面的作用。

1. 它是医院档案整理工作的依据

为了确保全宗档案的有效整理，必须基于对立档单位及其历史的深入和全面了解。这种认识使我们能够制订出合理的档案分类计划，确保每一部分的档案都得到恰当的处理。只有通过这种细致的研究，我们才能确立每个部门档案整理的详细要求与策略，保证档案管理的科学性和系统性。

2. 它是档案整理中必要的参考材料

在判定档案所属全宗、考证文件日期和所属组织机构、档案的归类等方面，它都能提供一些可以参考的材料。尤其能减少立卷中的困难，因为我们了解了立档单位的工作任务、领导关系、机构、人员变动情况以及文书处理情况，就能提高立卷效率；同时在了解过去的文书、档案工作情况以后，就能更好地利用原有基础，提高档案整理工作的速度和质量。

3. 它对鉴定档案价值有辅助作用

深入了解并明确记录了机构的核心职责、任务以及其领导结构，同时也掌握档案保留的具体情况，这将有助于我们更加准确地评估文件的重要性，并为档案的归档期限设定提供可靠依据。这种深入的认识不仅能够确保档案管理的专业性和系统性，而且还能够提高档案利用的效率和有效性，保证档案保存的质量和安全。

4. 它可以作为编制各种检索工具时的基础材料

在创建和维护各类索引工具时，档案馆（室）必须深入掌握每个档案全宗以及创建档案的单位的历史背景。这种对历史的深入了解不仅能够提高索引的准确性和全面性，而且在制作如全宗指南、档案馆指南等大型检索工具时尤为重要，因为在这些工具的编制过程中往往需要依赖历史资料和考证。通过这样的方法，档案馆能够为研究人员和公众提供更为丰富和精确的信息，从而促进历史资料的有效利用和保护。

立档单位和全宗历史考证一般包括如下一些内容。

立档单位的历史沿革如下。

第一，立档单位成立、停办、撤销的时间和原因。

第二，立档单位的性质、任务和职权范围及其变动情况。

第三，立档单位在社会构架中的角色及其领导与隶属关系的演化。

第四，立档单位内部组织结构的配置、各部门的职责以及历次重大调整，包括关键岗位人员的更替及其对单位发展的贡献。

全宗档案的状况也是历史考证的重要组成部分。

一是综述全宗档案的内容与组成，深入了解档案资料的类型、范围以及它们所具有的历史价值。

二是追溯档案的原保管地点和保管状况，详细记录档案入馆的时间点、历经的损伤情况、鉴定和销毁的过程，这些信息对于评估档案的完整性和可靠性至关重要。

三是评估档案的使用情况，了解档案资料如何为研究者、历史学家和公众所利用，以及这些活动如何增加了档案的价值和意义。

首先要深入研究那些规定了立档单位职责、任务和组织结构的法律文档，这包括决议、章程、条例等，并参阅机关历年大事记和工作总结等。这些文件我们往往可以从档案中找到，或可在报刊上发现，还可以从资料室、图书馆中收集。我们研究立档单位的历史，除了研究立法性文件外，同时还可以利用参考书、百科全书及有关的出版物、会议记录汇集、总结报告汇集、纪念册、人物传记，也可参考档案馆（室）的工作总结、移交文据、移交目录、销毁清册等。

其次，通过访问有关人员编写历史考证也是十分必要的。有关立档单位和档案的历史情况，有时并不那么具体详细，我们通过访问原来立档单位的负责人或工作人员，或进一步查阅文件获得线索，或通过调查印证档案和复核文件，使历史考证的质量能得到保证且更具有实用价值。

最后，历史考证应该由档案工作人员或文书处理工作人员中比较熟悉立档单位历史情况的同志来编写。考证的内容必须简要明确并有依据，不允许单凭印象来编写，而应该严肃认真，下一番功夫，其要对立档单位和全宗档案的历史与现状，做出恰如其分的考证。

（三）零散文件整理程序

在处理医院累积的分散文档时，不仅需要完成前述的准备活动，还要合理规划整理流程，确保档案管理工作的高效执行。这一流程可以概括为以下七个关键步骤。

第一，区分全宗。

第二，全宗内档案的分类。

第三，立卷。

第四，检查案卷质量和确定案卷保管期限。

第五，案卷的加工整理。

第六，案卷的排列与编号。

第七，案卷目录的编制。

以上是全面系统整理的一般程序。在实际工作中，我们应该考虑原来档案的状况和整理工作的具体要求和方法，不同情况采用不同的程序。如果所整理的档案是属于一个全宗的，则第一个程序就不必要进行了；如果所整理的档案是已经组成案卷的，只是有某些不足，那么第三个程序就不是立卷而是纠正和调整案卷。如果所整理的档案是过去进行过整理的，其整理程序就可以从简，可以在原基础上适当做局部的补充和调整。

（四）整理档案的劳动组织

在处理医院积累的杂乱无章的档案资料时，涉及的参与者众多，这就要求我们必须高效地安排人员分工。为了实现这一目标，人力资源的配置应当依据档案整理的具体需求，来进行精细化的劳动分配，确保每个环节都能得到专业且高效的处理。这种方法不仅能提升工作效率，还能保证档案管理的质量和准确性。

档案的系统整理工作，一般是以全宗为单位进行，人员分工有两种方法可供选择：一种方法是由少数人包干整理一个全宗，包全宗到人，各全宗整理工作同时进行；另一种方法是组织所有参加的整理者，对全宗逐个地加以整理，即大家一起先整理一个全宗，然后再整理另一个全宗。在人员分工上采用"两头小，中间大"的办法比较合适，即开始由少数人甚至一两个人研究情况，制订整理工作方案，按方案分工要求大家一起动手整理，最后由少数人做扫尾工作。

档案的技术整理工作，一般是采用流水作业法来进行的，即按照档案整理工作程序和技术整理工作的内容，把人员分成若干组，每组只负责其中的一两项工作，各司其职：有的专门负责拆除文件上的各种金属物；有的专门负责编写卷内文件的页号；有的负责填写案卷目录和卷内目录；有的书写案卷封皮；有的专门负责装订。每个案卷的技术整理必须按照工作程序由各个小组依次逐步地完成。

系统化档案管理是一个涉及广泛步骤的过程，包括鉴别各种档案系列、执行分类工作、构建文件卷宗、组织卷宗内部文件、撰写详细的文件索引、为案卷封面进行编目、对案卷进行有效排序以及创建综合性案卷目录。而从技术角度看，档案的整理包含对文件进行编号标识、对受损文件进行恢复维修、完成案卷参考记录、复印案卷目录以及对案卷执行装订等多项细致工作。在分工层面上，系统性整理与技术性整理展现出不同的特点。系统性整理依赖于各环节的紧密协作，要求工作人员不仅具备专业的业务知识，还需按照既定的分类体系进行精确分工，通常采用层级化的分工模式，而不适宜采取流水线的作业方法。对比之下，技术性整理侧重于根据具体的工作内容来分配任务，这一流程更加标准化，涉及特定的操作技能，因此需要配备技术娴熟、书写能力强的专业人员，可以通过指派专门人员或采用流水线的方式来高效完成这些任务。

在医院档案整理时，管理者充分了解和掌握两种不同的劳动组织形式，对于挖掘潜力，调动一切积极因素，提高档案整理工作的水平，具有重要的现实意义。

第四节 医院档案的鉴定

鉴定医院档案的重要性是一个综合性的评估过程，这个过程通过一系列明确的标准和步骤来审视和评价档案材料。这一评估的目的是准确地判断每份档案的价值，以便做出合理的保留或销毁决策。在这个过程中，会仔细分析档案的内容，明确识别出哪些文件是必须长期保留的，哪些文件由于失去了其原有的价值或重要性，可以被安全地销毁。这样的做法不仅优化了档案管理流程，提升了管理的效能，也保障了重要信息的安全，确保了关键资料能够被高效地访问和利用。此举对于维护医院运营的透明度和效率至关重要，有助于医院在提供高质量医疗服务的同时，确保了信息的合规性和保密性。

一、医院档案鉴定工作概述

(一)医院档案鉴定的内涵

在医院档案管理领域,档案鉴定是一个关键环节,它确保了档案资料的质量和有效性,满足了法律和医疗行业标准的要求。医院档案鉴定过程不仅关注档案的保管期限、准确性、完整性和珍贵性,还包括了一系列精细的审查和鉴定活动,这旨在维护和提升档案的价值和实用性。鉴定工作是在档案管理不同阶段依次分别展开的,因而可将档案鉴定划分为前期鉴定和后期鉴定。前期鉴定是档案管理早期阶段的重要步骤,其主要目的是确定哪些医院文档应被保留以及它们的保留价值。这一阶段通常涉及对文档的归档前审核,包括对其正确性和完备性的核查。此时,评估团队会根据档案资料的内容、使用频率、法律要求以及在医疗服务和研究中的重要性来评估其长期保留的必要性。评估团队通常由文件编制者、案卷审核员、档案接收员等不同角色组成,他们通过协同工作,确保档案资料在进入正式存储阶段前符合所有预定的质量和完整性标准。前期鉴定主要包括以下方面。

1. 保存价值鉴定

保存价值鉴定涉及评估医院文件材料的重要性及其保留的必要性,以及决定这些资料是否应被归档以及相应的保管时间。多年来这项工作已成为标准程序,故不再详细说明。

2. 准确性鉴定

准确性鉴定是指对医院归档文件材料的各种标识的准确性及其所承载的信息的准确性进行甄别评定。前期鉴定中的准确性鉴定,主要是针对工作中因工作疏忽将归档文件材料的某些标识如责任者、时间、签章、竣工章等遗漏丢失或者错误,正文与底稿不相符,正本与副本不相符,基建图物不符,设备图物不符等诸多情况的检查。在文件材料归档时,责任人需进一步核实鉴别,并在案卷备考表中案卷检查人栏签字或以其他形式确认归档文件的准确性。

3. 完整性鉴定

为了确保归档材料的完整性和真实性,责任人的角色至关重要,这不仅仅是一种行政职责,而是一种确保档案资料在其生命周期内保持不变的重要手段。责任人需要具备鉴别档案价值和完整性的专业知识,以确认哪些材料应当被归档保管。这一过程对于防止重要信息的丢失和篡改至关重要。

后期鉴定则是档案管理过程中的一个关键环节,它确保了档案材料的有效管理和利用。为此,建立一个权威的鉴定委员会是必要的。这个委员会应由档案管理、历史学、法律等领域的专家组成,他们的任务是对档案进行评价,决定其保管期限。这一鉴定过程不仅基于档案的物理和内容特性,而且要考虑政策和思想的影响,确保档案的评价既公正又全面。

(1)档案评价

档案评估的重要性和方法论得到了《关于建国以来党的若干历史问题的决议》的明确指导,该文件为我们如何正确地评估和利用档案资料提供了坚实的政策和思想基础。在这一框架下,档案机构承担着重要的责任,即在保证不对原始文件造成任何改动的前提下,对过往各个历史阶段的文献资料进行全面和具体的评估。这一过程不仅涉及将评估结果纳入档案指南和各个全宗的文件中,而且也关系到如何正确引导档案利用者,确保他们以适当的方式接触和使用档案资料,从而能够基于真实的资料撰写历史。为了实现这一目标,档案机构可以采取多种方式进行档案评估工作:一方面,可以组织专业人员进行集中的评估活动,以便于集中精力和资源处理复杂或大量的档案资料;另一方面,档案评估也可以作为其日常管理和编研工作的一部分,由相关部门定期执行,确保这一工作的持续进行。

(2)到期档案的鉴定

关于到期档案的鉴定,医院等机构应当依据其独特的馆藏特征和实际情况,成立专门的鉴定委员会。通过制定明确的鉴定原则和操作流程,这些机构需要有计划和系统地对到期的档案进行评估和鉴定,进而决定哪些档案应当被保留,哪些应当被销毁。这一工作的持续进行是至关重要的,其目的在于确保具有重要价值的档案得到妥善保存,同时清除那些不再具有保存价值的档案,从而避免资源的浪费和管理上的低效率。

档案鉴定工作的规模庞大且复杂,我们只有对档案鉴定重要性有了深刻理解,并通过周密的规划和科学的安排,才能实现高效和有效的档案管理,从而最大限度地发挥档案的价值和作用。

（二）档案价值鉴定的标准

档案鉴定标准可分为两大类，即理论性标准和技术性标准。

1. 理论性标准

在探讨医院档案的价值评估过程中，我们依据一系列理论性标准，这些标准既是评估的基石，也提供了深刻的理论支撑。这些标准源自国内外档案学研究的丰富成果，其中包括以下几方面。

（1）根据德国档案学界的贡献，特别是迈斯奈尔的观点，我们引入了年龄评定准则和来源评定准则

①年龄评定准则：迈斯奈尔主张为档案设定一个销毁禁令的"切点年份"，认为那些年份之前形成的档案应当被高度重视并得到妥善保存，反对随意销毁这些"高龄"档案。

②来源评定准则：这一准则强调评估时不能孤立地看待单个文件，而应将其置于原有的行政环境中考虑，包括相关行政单位在政府架构中的位置、其活动性质以及这些活动与其他行政单位的关系等因素。

（2）基于波兰档案学家卡林斯基的研究，我们采纳了"职能鉴定论"

该理论建议根据档案形成机构在政府体系中的地位及其职能的重要性来评估文件的价值和保存期限，是对迈斯奈尔来源评定标准的进一步发展。

（3）宏观职能鉴定标准

自20世纪80年代电子文档大规模出现以来，档案评估领域经历了显著变革。在这个阶段，评估工作的焦点出现转移，不再单纯聚焦于文档的初始来源。相反，评估重点放在了能够映射出社会需求的各类职能活动及其相关主题上。宏观评估方法的应用范围扩展，不再局限于单一文档，而是覆盖了与特定职能相关的文档群体，标志着评估工作的范式转移，更加注重文档在宏观层面上的社会功能和意义。

（4）效益标准

近年来，欧美国家在档案评估工作中逐渐采纳了一项原则，即在决定档案的保留价值时，应充分考虑档案保管所需的成本。这一准则的发展历程颇为曲折，最初遭到广泛批评，但随着时间的推移，效益评估准则因其实用性和科学性逐渐被人们所接受，并被多种评估体系所采纳。这一转变反映出档案评估领域对成本效益分析的重视，以及对档案保管策略的综合考量。

（5）相对价值标准

我国档案学界提出的相对价值评估标准，侧重于在认可文档价值取决于其内容属性和满足用户需求能力的基础上，进一步分析档案在整个档案体系及档案群中的完整性。这种方法认为，档案的完整性和数量是决定单一文档价值的关键因素。换言之，当一个档案群体的完整性较高且数量众多时，单个文档的价值相对较低；反之，则价值较高。该标准强调了根据具体情况灵活调整文档的保留价值和保管期限，旨在促进档案评估工作更加细致和个性化，避免了一刀切的做法，体现了对档案价值多元性的认识和尊重。

2. 技术性标准

在档案管理领域，制定和遵守技术性标准是至关重要的，它们为档案专业人员在日常工作中提供了明确的指导原则。这些建议的操作步骤和规范涉及档案的归档决策、保管期限的设定以及鉴定流程的实施等多个重要环节。通过细分，这些标准不仅指导了如何决定哪些档案材料应被永久保存，还规定了不同类型档案应保留的具体时长，包括但不限于普遍适用的保管期限、特定行业或领域的需求、单独系统或机构的特殊要求、类似档案群体的共通标准以及针对特定政府或私人机构的定制期限。这种细致的分类方法不仅优化了档案保管的过程，也极大地提高了档案管理的效率和准确性，使得管理人员能够更好地评估档案的重要性，并据此决定其应当保存的时长。

进一步讲，档案鉴定的规范化流程同样是技术性标准的一个关键组成部分。这涉及制定具体的档案鉴定准则、组织和管理鉴定活动，以及规范档案销毁过程，确保其受到严格监督。这些规定和程序的存在，不仅显著提高了档案鉴定的效率和质量，还极大地降低了档案被误销毁或故意破坏的风险。通过这样的办法，档案鉴定和销毁活动能够有序进行，同时保障了档案的完整性和安全性。在实际应用中，这些精心设计的技术标准极大地提高了档案管理人员在处理档案鉴定任务时的专业水平和判断准确性，对于提升整个档案管理系统的效能发挥了不可替代的作用。

（三）影响档案价值鉴定的主观方面因素

在探讨档案价值鉴定的过程中，我们不能忽视主观因素所扮演的重要角色。这种评估活动本质上是一种基于价值判断的识别任务，其中主观性的影响深远而显著。因此，当我们深入分析那些影响我国档案价值鉴定有效性的关键要素时，将注意力转向主观因素的考量，便成为一种合乎逻辑的初步步骤。尽管主观因素的作用往往是不可见的，但它们所带来的影响却是具体且可观察的。在档案价值评估的过程中，阻碍其顺利进行的主观障碍同样是多元且复杂的。

1. 对于鉴定地位的认可不足

在考察欧美国家在档案管理领域的演进过程中，我们观察到从20世纪50年代开始，这一领域经历了显著的转型。最初，档案组织的做法主要是遵守"来源原则"，此原则被认为是档案管理的基石与焦点。但随着时代的演进，档案价值评估的理念逐渐显现，并逐步替代了旧有的档案组织方式，转而成为档案管理新的核心。这种转变不仅改变了档案的组织方式，也推动了档案学研究的重点向档案价值评估及其优化策略的探索转移。例如，威廉·莫斯，曾任美国史密森研究院档案馆馆长，其在1992年访问中国人民大学档案学院期间，特别强调了档案工作中鉴定环节的重要性。莫斯认为，鉴定是档案工作流程中最初的关键决策点，也是之后所有决策的基础，这凸显了其关键作用。这一观点反映出档案领域的一个策略性转向，即从过去注重整理工作转向重视价值评估，这与档案管理发展的趋势相契合。

与欧美国家在档案管理理念与实践上所取得的进展相比，我国档案界的响应相对较慢。在我国，传统的档案管理教材往往只是将鉴定作为档案工作多个环节之一，与其他环节并列，并没有突出其在档案管理全过程中的重要性和流程性。

2. 我国缺乏相应的文件管理机制

在探讨文件管理的实质时，我们关注的是如何通过高效的组织、审查和处理来优化资料存储和提高操作效率。对照国际标准，我国在这一领域面临若干挑战。首先，相较于对文件撰写和保管的传统关注，文件管理的全面理念尚未得到足够认可。我国的档案学界长期以来侧重于文书工作的研究，而忽略了文件管理的广阔领域，特别是在文件的整理、审查和优化处理方面并未重视。这种狭隘的视角限制了我国对有效减少文件量和提升管理效能方法的探索。其次，文件生命周期管理这一关键概念在我国尚未普遍接受。尽管其自20世纪80年代引入并有学者深入研究，但其在实际管理实践中的应用并不广泛，部分原因是学者对其实用性的质疑，以及认为我国已有的管理理念与之相似。

综上所述，为了提高文件管理的效率和效能，我国需要更加重视管理理念的现代化，扩大档案学的研究和教学范围，更加开放地接纳并实践文件生命周期等先进的管理理论。这不仅能够提高文件处理的效率，还能增强整个档案管理体系的有效性。

二、医院档案价值鉴定工作的程序

医院档案价值鉴定流程涵盖三个主要组成部分。首先，建立评估档案价值的准则，这包括具体的单项规则及档案保存期限的设定。其次，是对档案价值的评定，以决定其应被保留的时间长度。最后，筛选出无需长期保存或已达到预定保存期限的档案，并依据既定流程进行销毁或采取其他处理措施。

此外，医院档案价值评估的实施通常经过三个阶段，这个过程牵涉医疗机构内部的行政文书部门、档案管理部门以及不同级别和类型的档案机构。

（一）文件归档鉴定

此阶段专注于各部门对处理完毕的文档进行归档范围的界定。这一步骤遵循的是由国家档案局发布的关于文档归档范围和文书档案保存期限的官方指南。各部门可以根据这些国家级指导方针来确定文档特定的归档范围。通常，这一任务由部门的行政或秘书人员负责执行。

（二）划定文件的保管期限

考虑到不同因素的影响，即便是在同一归档范围内的文件也可能有不同的保存期限。因此，我们在确定了归档范围之后，接下来的步骤是为这些文件设定具体的保存期限。这一任务同样应由行政或秘书人员来完成。

（三）档案价值复审

对于非永久保存的档案，在其保存期限到期后，我们需对其价值进行再次评估，以决定是否继续保存或淘汰。档案价值的再评审主要采用以下两种方式进行。

1. 到期复审

到期复审是一种在档案保存期限结束后，对档案是否还具有保存价值进行再次审查的过程。这种复审可以每年进行一次，或每隔几年进行一次，由档案室或档案馆负责执行。

2. 移交复审

当档案从档案室移交到档案馆时，双方的工作人员将共同审查档案的保存期限，以决定其是否应继续保存。

（四）销毁无价值档案

医院对于经过归档鉴定及价值重新评估后无须保留的档案资料，需依照既定流程和技术手段进行合规销毁。此类操作通常是由负责档案管理的部门来执行。

三、医院鉴定档案价值的原则

在鉴定医院档案的重要性时，应遵循以下准则，确保档案鉴定工作既符合国家及公众利益，又具有前瞻性和全面性。

（一）以国家和人民的整体利益为出发点

在鉴定医院档案的价值时，首要任务是将国家和公众的整体利益放在首位。这意味着评价过程中我们不能仅仅考虑某个个体或机构的利益，而应评估档案对社会进步和发展的贡献。档案的重要性应从其对社会整体福祉的潜在影响角度来考量。

（二）全面的原则

在制定全面性原则时，要认识到评估医院档案价值的复杂性。这不仅仅涉及对文件单独方面的审视，而是需要我们从一个综合的视角来评估。具体来说，可从以下几方面来考虑。

1. 通过全面分析文件的各方面因素，综合判定档案的价值

综合评价档案的多维价值：评定档案的重要性时，我们应当从多个角度进行综合分析。档案的价值是由其内容、形式、来源等多个维度共同决定。因此，我们需要全面考量这些因素，从而做出更加全面和准确的价值判断。这意味着我们不应仅仅依据档案在某一方面的特性来定论，而是要将其放在更宽广的背景下进行审视。

2. 全面把握档案之间的联系

理解档案间的互联互通：在医院等机构中，文件和记录通常不是孤立存在的，它们之间有着复杂的联系和相互依赖关系。因此，在评估单个档案的价值时，必须考虑它与其他文件之间的关系。通过将相关的档案材料联系起来进行分析，我

们可以更全面地理解每份文件的价值和意义。

3. 全面预测社会对档案的利用需要

预见档案的社会应用潜力：医院档案的价值不限于医疗机构内部，它们对于社会整体也有着重要意义。在评估档案时，既要考虑机构内部对这些信息的需求，也要预测和考量社会对这些档案可能的利用和需求。这种前瞻性的思考有助于我们更加全面地评估档案的长远价值，避免仅从狭隘的视角出发判断其重要性。

（三）历史的原则

每份医院档案都是在特定历史背景下形成的，因此，我们评价档案时需要将其放置于其历史背景中考量。这种方法有助于我们理解档案的历史意义，并预测其对未来社会研究的潜在价值。

（四）发展的原则

我们应认识到医院档案价值评估是一个动态过程，随着时间的推移和社会需求的变化，某些档案的价值可能会发生变化。因此，评估过程需要具有一定的灵活性，以适应这种变化，确保在档案的利用中最大化其长期价值。

（五）效益的原则

我们在考虑保存医院档案时，必须权衡其潜在的社会和经济效益与保存成本之间的关系。只有当档案的长期利用价值预计超过其保管成本时，才认定其具有保存的价值。这要求我们对档案的潜在用途和影响进行仔细预测，并在经济效益和社会效益之间寻找适当的平衡。

四、鉴定医院档案的基本方法

直接鉴定法是档案鉴定的核心手段。此法要求鉴定工作者亲自深入地检视每个档案资料，综合评估其创作者身份、内容丰富度、文献类型、形成时间、信息可信度及完整性等多个维度。接着，鉴定工作者依据既定的鉴定准则与规范，决定档案资料的归档时限。评估档案价值时，鉴定工作者不能简单地依赖于文件标题、类型、文件内目录、案卷标题或案卷目录等表面信息。

我们在对医疗机构档案进行鉴定的过程中，特定注意事项亦需被考量。面对一些存疑的医疗文档是否应当归档时，切勿急于作出裁决，应遵循以下指导原则：宁可保留不确定的档案，不轻易销毁；对于唯一副本给予更大的保存宽度，而对于多份副本则应严格把关；内部产生的文件比外来文件享有更大的宽容度。

对于那些处于永久保留与长期保留之间、长期保留与短期保留之间的文档，我们可采纳"宁高勿低"的处理策略。当一组紧密相关的文件中，仅一两份文档的保存价值较短时，可以将它们与其他具有更长期保存价值的文件一并归档，以长期保存为准。

我们在淘汰已达到保管期限的档案时，通常以完整的卷宗为单位进行处理，尽可能避免拆散卷宗。若卷宗中仅有少数文件需继续保存，则应挑选这些文件单独处理，而其余的则可淘汰；反之，如果卷宗中大部分文件仍需保留，仅有少数文件不再具备保存价值时，建议保留整个卷宗，不做拆分处理。这样的处理原则旨在确保档案的整体性与连贯性，避免信息的片段化和背景信息的丢失。

第二章 医院装备档案管理

本章主要讲述医院装备档案管理，从四个方面展开叙述，分别是医学声像装备档案管理、医学装备质量档案管理、医学装备技术档案管理以及医学装备信息档案管理。

第一节 医学声像装备档案管理

一、声像装备档案与医院声像装备档案概述

（一）声像装备档案的含义

伴随着社会和科技的发展，人类不仅能够将自然现象，历史事件等等，通过语言加以表达，而且能够通过各种声像记录，加以客观反映，其形象化地反映了政治、经济、外交、文化、教育、科研、军事、艺术等各个方面，新闻和其他各个领域的活动状况以及由此派生出来的与纸质文字档案并行的、以某种载体形式存在的声像设备档案已成为我国医院档案的重要组成部分。

声像装备档案是指国家机构、社会组织以及个人从事政治、经济、科学、技术、文化、教育、军事等活动中以音像形象等方式形成的有保存价值的特殊载体，它是国家档案的重要组成部分，也被称为音视频档案或视听资料。声像装备档案定义的基础含义有以下三个方面。

1. 形成于一定的专业单位或部门

那些构成声像装备的档案，除了一般工作单位以外，更多地来自宣传、新闻广播、电视、文化艺术、科研等部门。由于声像装备档案的产生和积累，始终根

源于特定的机构或个人所进行的职能活动（比如宣传报道、广播电视），由此形成了声像装备档案这种特殊载体之间的有机联系。

2. 形式、功能以及处理程序有明显的特色

构成声像装备档案的那些文件材料，其形式、功能、处理程序与普通公文有着明显的不同，一般有特殊的形式、固定的功能以及规范的处理程序。

声像装备档案区别于普通文字档案，新型记录技术和新型载体给声像装备档案带来了一种全新的表现形式。记录技术的发展使声音、图像和其他记录手段逐步发展到感光记录、磁记录和激光记录等形式。

声像装备档案具有固定的作用。它以声音、图像作为信息交换的载体，重现社会活动与各个历史阶段某些自然景观、人类活动与科研工作的全貌与细节，运用某种手段将某些瞬间动作化快为慢、化慢为快、方便人们运用。

声像装备档案中的照片、录音带与录像带都有比较规范化的处理程序。照片档案是由底片、照片以及文字说明相互补充而成。在录音和录像带中，均采用磁记录设备把要录制的信息变成电信号，从而有选择地磁化文件载体磁性层以保存资料，并利用该装置对文件载体磁性层中的磁信号进行转换，使得电信号重新释放。录音与录像磁带的形成与处理程序，是按照一定的原理，有规律地进行的。但声像装备档案一般情况下不参加公文运转过程，绝大部分也不纳入公文运转范围，它有自己的一套办理程序。

（二）声像装备档案的特点

声像记录并不需要在纸张上传递信息，它是在由现代技术创造的新型载体材料上进行信息传递。声像装备档案有以下几个方面的特点。

1. 形意结合，形象逼真

普通文字档案没有声像装备档案那般形象生动。一些事件或者活动用连篇累牍的话也难以说得清，但用图片，录音和录像来反映事情的变化却能迅速解决这一问题。声像记录与文字说明是相互依存、相互验证、相辅相成的。声像装备档案记录了人的活动情况，能让利用者产生"身临其境"之感。声像装备档案是以画面的可视形象鲜明地展现在读者面前，辅以音乐和语言，便于利用者理解和接受。声像装备档案无论从形象性还是直接感受性上来说，都是其他类型档案所不能比拟的。

2. 时间感、空间感强烈

作为信息交换载体的档案，在时空上是有限的。而声像装备档案由于对先进科学技术与快捷传送手段的依赖，它比一般档案具有更强的时间感与空间感，甚至可以进行超越时空的远距离传送，这是一般档案所不能达到的。声像装备档案可以把转瞬即逝的"容貌"记录下来并再现，可以将人们引向对历史的深切怀念或深刻的认识。

同时纸质档案的书写记录与书写载体难以分离。并且声像装备档案载体上记录的信息可转录在感光胶片、磁带和光盘上。而声像装备档案载体——磁带又能够多次录音，这就使得磁带成了多种相互依存的技术产品。声像装备档案在不同载体之间的传递存在着原始信息质量和数量变化的可能性。随着科技的进步，用胶片、磁带、磁盘、光盘等录下的声像信息较之纸质档案更加容易再现。所以，声像装备档案原件与复制件应仔细辨别，便于保管与使用。

二、医院声像装备档案的照片与录音、录像管理

（一）医学声像装备中的照片档案管理

照片就是用感光材料通过摄影记录图像的个别照片。照片档案具备专门性的特点。

《照片档案管理规范》指出，照片档案是"国家机构、社会组织或个人在社会活动中直接形成的以静止摄影影像为主要反映方式的有保存价值的历史记录。照片档案一般包括底片、照片和说明三部分"[①]。

（1）底片

底片又分为原底片与翻版。原底片是照片在形成过程中最初产生的底片。原底片是照片档案最原始的资料和关键组成部分。翻版底片也叫复制底片，复制底片是为了保护原有底片，同时也是为了对缺损或者丢失的底片进行增补。当原有底片破损或丢失时，可在翻版底片的基础上补入照片档案保存。

（2）照片

照片由底片洗印。图片清晰、易于识别，通常存档的每一张底片都配有图片。

---

① 《照片档案管理规范》（修订）[J]. 中国档案, 2003,（08）: 13-15.

底片破损或丢失后也可按图片翻出。与底片一并存档的图片可保存为档案。

(3) 文字说明材料

文字说明材料，主要指图片的标题和文字说明。图片中展示的图像仅仅是事件中的某一段或某几段，其反映与解释的事实存在着局限性，还需辅以文字的解释。照片与文字说明之间互为补充，成为一个不可分割的总体。

各地、各单位的情况不一样，照片档案的状况、质量与数量也不一样，照片档案的管理方法也不尽一致。我们将其主要管理方法分述如下几方面。

1. 照片档案的收集

(1) 照片档案收集工作的内容

按照国家颁布的《照片档案管理规范》和有关规定，医院通过例行的接收制度和专门的征集办法，将分散和散失在单位和个人手中具有保存价值的照片档案，分别集中到各有关档案室和各级各类档案馆，实现统一管理。

(2) 档案馆(室)在接收照片档案时要保证质量

明确照片档案接收的重点，凡是能够成为该区域、该机关、该单位和个人社会活动的历史记录并有保存价值，不论存放于哪个部门、哪个单位和哪个人的手里，均应当纳入收藏范围。

努力做到照片档案齐全完整，这不仅有量的全也有质的全，二者须齐头并进不可偏废。要使照片档案完整齐全，我们需要采取宣传教育的政策法律，行政及经济手段。

档案馆(室)翻拍和增补具有保存价值照片档案。这一举措旨在填补照片档案收集中存在的缺陷，但不允许也不可能把大量的翻拍片作为档案保存。有条件的档案管理部门，也应配备专用的摄影器材，在有些场合也可以直接参与照片的拍摄与制作工作，它能进一步促进收集工作的积极开展。

(3) 照片档案收集工作的方法

由于照片档案意识不强以及历史原因，过去形成的照片多数散存在个人手中，给收集工作带来很多麻烦。为此，照片档案的收集工作方法可以概括为以下7个"结合"：①档案业务管理部门与有关行政部门工作相结合，调动有关部门的积极性。②档案馆(室)收集照片与清理机关、团体、企事业单位的积存照片相结合，明确照片档案收集的重点单位。③向机关组织征集与向个人征集相结合，取得单位与个人的有力支持。④档案工作部门自己动手收集与争取兄弟单位协助收集相结合，进一步拓宽收集工作的渠道。⑤全面收集与重点收集相结合，以重点单位带动全面。⑥无偿收集和有偿征集相结合，区别情况，分别对待。⑦收集历史照片与现实照片相结合，多渠道、多层次开展收集工作。

2. 照片档案的整理

根据《照片档案管理规范》，在进行照片档案的整理工作时，我们遵循的原则是确保照片档案之间的有机联系，方便其保存，并为用户提供便捷的服务。照片档案中的底片需要进行独立的整理和储存，同时照片和文字描述也应一同进行整理和储存。

照片档案在整理方法上由于照片档案数量、状态和保管单位等因素存在很大差异。在非专门保管照片档案的档案馆（室），或在照片档案数量比较少的单位，照片档案一般是从属于文书档案或科技档案的，并统一排序与编号。我们收集到的照片档案实际上是与文字档案和其他类型的档案分开、独立存在的一个组成部分。对于这类档案，目前的常规管理方式与传统的文字档案或其他形式的档案有所不同，需要将这些档案分别归类、编目，分别整理，分别保管。

在保存档案数量较多的专业性档案馆（如中国照片档案馆），其对照片档案的整理方法不但系统而且很规范，这是我国照片档案管理的最高水平。

（1）照片档案的分类

考虑照片档案的独特性，本书基于馆藏的实际情况，深入探讨了照片档案与其他档案类型之间的相互联系，以确保分类的客观性、逻辑性和实用性。底片与照片要有不同的分类方法。

对底片进行分类：从制成的材质来分，有软质底片和硬质底片两种；从尺寸大小来分，二寸、四寸、特大号各一个类别；以年为单位划分，也就是以各个历史时期所拍摄的图片为单位进行划分；从内容上划分，也就是根据底片上反映问题的剧目、项目、工程产品的种类进行划分。对底片较少的单位亦可不划类别，根据底片接收顺序进行流水编号。

对照片进行分类。它通常是根据图片反映的内容或者主题进行划分，从而将具有相同内容或者相同属性的事物图片归为同一个类别，并保持它们之间的内在联系。我们对照片进行分类时，要在整个宗中按照年—内容进行。分类要前后连贯，不能任意改变。我们还可考虑符合文书档案分类方式。照片档案多如牛毛的单位也可从拍摄目的、记录内容和表现形式上，把它们划分为记录性照片和艺术性照片两大类别。

（2）照片文字说明的编写

文字说明与底片、照片共同组成照片档案中最基本的内容。若不辅以文字说明，人们将不能理解图片中反映出的事物、时间和位置。

文字说明是由事由、时间、地点、人物、背景和摄影者六个因素组成。每张图片的描述是写在图片的正下方或者是图片的右边或者左边。大照片的文字说明，可另用纸张书写，共同保存。

（二）医学声像装备中的录音、录像档案管理

录音、录像，是一种很特殊的文件材料，即用专门的器材、材料，采用录音、录像的手段，记录声音和图像的一种极特殊载体的档案，分为磁带录音档案与磁带录像档案等。

应用电生磁原理，磁记录设备可以把所记录的信息变成电信号，从而对文件载体磁性层进行选择性磁化以保存该信息；经由磁重放设备，文件载体磁性层中的磁信号再被转换为电信号进行重放。通过这种磁记录形成录音、录像磁带，我们把其中具有保存价值的东西留存下来就是录音、录像档案。

磁带录音、录像方法简便高效，磁带使用方便，但它易于失磁，在保管不适宜时，容易变质或折断。随着录音、录像活动的普及，磁带录音、录像档案的数量会越来越多，人们对它的利用需求也会日益增长。因此，我们必须加强管理，具体管理方法如下。

1. 归档与收集

在录音、录像档案产生较多时，采访录制各类材料，经编辑加工后，连同相关登记单和审查表，送医院相关负责人审核。送审表应当写明出处、内容、记录地点、原录日期、复制日期、记录效果、机速、时间和以往消磁情况。经批准，录音，录像材料方可存档。与磁带内容有关的文字材料应与磁带同时归档。

医院还要通过各种方式开展经常性的收集，向有关人员宣传档案工作的基本常识，防止在未经审查与批准的情况下，把反映立档单位基本活动面貌的磁带很快消磁，造成不可弥补的损失。因此，录音与录像档案也应同其他档案一样，其中具有保存与利用价值的应按照归档制度的要求交档案室统一保管。

2. 验收

医院接收录音、录像档案时，应当对其进行检查。首先从核对录音、录像登记表入手，首先要检查登记表中内容是否填写清楚、手续是否完备；再根据登记表上记录的内容听音观察，其目的是为了核对内容和技术状况，视听的时候要以文字材料为基础。保管录音、录像档案的档案部门应配置视听设备，对其物理性能，电磁性能等进行测试。

3. 编目

医院档案馆（室）应当将验收合格且必须归类的磁带录音、录像档案进行登记。数量少的只设总登记簿。按收到的先后次序入册即可，主要包括如下一些项目：编号、收到日期、录制日期、内容、责任者、录制单位、录制地点、放送时间、技术状况（消磁情况、模板质量）、数量、备注等。

医院的录音、录像档案要装入专门设计的盒或者套子中，盒或者套子外要贴有标签，注明标题（内容）讲话人、记录日期、盘（卷）数、号码、带长和时间等项，盒上还要有文字材料和统一的号码。

4. 鉴定

我们对录音、录像档案主要把好消磁关，如认为确有消磁必要，需征求业务部门意见，并送医院领导审批，在登记目录中注销。

有的磁带经过一定时间的保存需要重新检查。一些磁带的内容是很重要的，为长期保存，可进行拷贝；有的已经丧失继续保存价值，经审核同意后可进行消磁。

5. 保护

医院收入库磁带录音，应装入特制的磁带盒内。盒内应有固定盘心的器具，磁带装在盒内时应松紧适度，不宜过紧；磁盘盒应具有一定的硬度，以防形变。

三、医学声像装备档案管理中存在的问题

声像装备档案是档案材料中最为直观和真实的，对档案管理起着决定性作用。但是当前医院声像装备档案管理存在着一定的不足，具体表现为对它的重视度、管理制度、管理手段以及开发利用上存在很多缺陷。

我们都知道声像装备档案就是能够客观真实地记录一个单位发展历程的档案资料。一幅关于医院外貌的图片要比任何文字说明都要好得多；一部医院大楼竣工庆典录像就能永久地记录下那个年代那幅具有重大意义的画面……尽管在整个档案中，声像装备档案所占的比重还不够高，而其起到的档案佐证作用，则是其他种类档案实体不可替代的。然而声像装备档案在档案管理中又易被人们所忽视，许多档案管理工作者纷纷撰文进行了探讨。本书从医院档案管理的实践出发，现将声像装备档案管理常见问题阐述如下。

（一）归档范围存在死角，归档率不高

由于声像设备的档案通常是存放在医院的办公室或负责医院宣传的部门，所以，一些重要的日常活动资料，例如拍照、录音录像等重要工作，均由上述科室承担，其在等待半年或者年度终了后将声像资料整理上交档案室。在这一过程中，声像资料所形成部门的工作细节是否对档案工作起到支撑作用，成为声像装备档案是否能够交存的一个影响因素，若医院声像资料组建部门工作较忙，或对声像装备档案管理重视不够，则难以保证声像装备质量、归档率。

当前医疗单位各科自拍活动的材料已经比较常见，如收治特殊患者、开展新特技术学习、部分临床科室自拍照、后期病例讨论、撰写论文等积累资料；工会组织的医院职工体育活动可能是工会自己的录像照相……这些形成声像资料其档案价值是不容忽视的，但由于不是重点声像设备档案的归档部门，使档案管理部门失去了比较有价值的声像设备档案源头。

（二）管理、开发利用手段滞后

声像装备档案的保管工作有着严格的条件限制，容易受到多种有害因素的干扰，使得档案寿命变短，我们除了对温度和湿度进行严格控制外，为了满足上述严格的存储条件，不仅需要具备防磁和防光的功能，还必须有防污染和其他多种保护措施。这意味着我们需要投入更多的资金来购买储存设备，并确保有足够的存储空间，这对目前用房面积普遍紧张的医疗单位来说，经费投入较大、占用工作用房较多，是很难实现的，加之长期开启空调系统带来的昂贵开支使医疗单位很难接受。

（三）档案管理人员自身专业素质不足

声像装备档案不被重视也是对声像装备档案工作开展与管理质量造成影响的原因之一。很多专门从事医院档案管理的人员，原本没有接受过档案专业培训，或者只是接受了短暂的训练。个人因素的限制或对声像装备档案管理专业知识的欠缺，使相关人员在声像装备档案管理工作中对特殊保管条件心存芥蒂，声像装备档案与一般纸质档案同等对待，管理方式老旧，无法借助现代手段对声像装备档案进行管理，多数停留在单纯收集和保管阶段，影响了声像装备档案保管和声像装备档案寿命。

（四）利用开发意识不够

归档量较大的医院声像装备档案，一般仅满足在受理量极少的调阅、单位出版专刊画册这样一个层次。目前，档案管理者对医院声像设备档案开发利用认识不足、开发利用动力不够，或声像设备档案专题编研能力不够，很多虽有开发利用价值却"养深闺人未识"，发挥不了医院声像装备档案的应有价值。

四、医学声像装备档案管理的策略

（一）完善声像装备档案保管环境的建设

医院声像装备档案保管工作要求有一定的装备投入，这需要取得医院各单位负责人的高度重视并从经济上予以投资，我们还必须添置必要的装备，提高保管条件和硬件设施。

（二）加强档案管理人员业务培训

衡量档案管理人员的专业水平也就是衡量其管理水平。如何强化医院声像装备档案管理，怎样确保医院声像装备档案管理的安全性，在现代科学技术的帮助下将其运用到管理中去，利用现代手段进一步发掘医院声像装备档案的内在价值，这些存在的诸多问题均需要高素质的档案管理人员来实现，医院领导者要创造一个合适人才培养的环境，通过多途径提高档案管理人员素质。同时医院档案管理者要明确职责，加强专业学习，提高医院声像装备档案管理水平。

第二节　医学装备质量档案管理

医学装备在医疗行业中发挥着重要的作用，它们对于患者的生命健康安全至关重要。为了确保医学装备的质量和安全性，医院建立和维护医学装备的质量档案和记录是必不可少的。

一、医学装备质量档案概述

医学装备是医院进行医疗服务必不可少的重要工具，是保障医疗质量和安全的基础。为了做好医学装备的管理工作，提高装备的利用率和效益，确保医疗质量和患者的安全，医院制定了医学装备质量档案管理制度。

（一）医学装备质量档案分类

根据医院的具体情况，按照医学装备的先后使用情况不同，医学装备质量档案可分为设备档案、使用档案和维修档案三类。

（二）医学装备质量档案的建立

1. 收集信息

我们需收集医学装备的相关资料，包括技术手册、产品标准、质检报告等。

2. 编制记录

我们根据收集到的信息，编制医学装备的质量档案，包括基本信息、质量控制要求、生产工艺流程、产品检验等内容。

3. 定期更新

我们需要定期对医学装备进行定期审查、更新和完善，将其使用情况以及维修情况进行记录，以保证其中的信息的准确性和可信度。

（1）审查周期

根据医学装备的特性和监管要求，确定医学装备质量档案和记录的定期审查周期。一般建议每年至少进行一次定期审查。

（2）审查内容

我们需对医学装备质量档案中记录的信息进行全面审查，包括质量管理体系的建立和运行情况、医学装备使用过程的合规性、医学装备的维修情况等。

（3）更新和修订

我们根据审查结果，对医学装备质量档案中的记录信息进行更新和修订，及时反映医学装备的实际情况和要求。

二、医学装备质量档案的登记要求

（一）设备档案登记

设备档案应包括设备名称、规格型号、生产厂家、购置时间、保修期限等信息。

（二）使用档案登记

使用档案应包括设备的使用地点、使用人员、使用情况、使用时长等信息。

（三）维修档案登记

维修档案应包括设备的维修记录、维修时间、维修人员、维修材料等信息。

三、医学装备质量档案的管理流程

（一）设备档案管理流程

1. 设备购置

医院应与供应商签订正规的购置合同，并在购置完成后将设备档案登记纳入管理范围。

2. 设备验收

经过购置的设备应按照验收标准进行验收，并登记验收结果。

3. 设备分配和使用

医院完成验收并登记后，设备应按照分配计划进行合理的分配，并记录使用情况。

4.设备报废和处置

设备达到报废标准后,医院应进行报废登记并按照规定进行处置。

(二)使用档案管理流程

1.使用档案的登记和更新

医院应对每位使用人员进行登记,并及时更新使用档案信息。

2.使用档案查询和统计

医院应定期进行使用档案的查询和统计,以保证装备的正常使用和管理。

(三)维修档案管理流程

1.维修档案的登记和归档

维修人员应对每次维修进行登记,并及时归档维修记录。

2.维修情况的分析和统计

医院应对维修情况进行分析和统计,及时发现问题,并采取相应措施。

四、医学装备质量档案的利用和管理评估

(一)档案的利用

医院应充分利用医学装备质量档案,进行设备的维护保养、预防性维修和性能分析,提高装备的利用效率。

(二)档案的管理评估

医院应定期对医学装备质量档案的管理进行评估,发现问题并及时改进和完善管理制度。

医学装备质量档案管理制度是医院保障医疗质量和患者安全的基础工作之一,通过科学分类和登记以及规范的管理流程,可以提高医学装备的利用率和效益,使其为医院提供更加可靠的医疗服务。同时,档案保管和保密工作是确保医学装备质量档案安全的重要保障。医院应不断完善和优化医学装备质量档案管理制度,提高医疗质量和管理水平。

第三节　医学装备技术档案管理

医院医学装备技术档案的管理，通常由主管院长的总揽、院档案管理员的督导、档案员的具体实施、装备的使用和保养等工作人员的参与。医院应编制医院医学装备技术档案归档范围、分类、编号、流程和档案文件的质量要求，建立医学装备技术档案存档规章，进一步优化医学装备档案收集、整理、归档、储存、保密、借阅、统计、销毁等过程，保证严格落实各项任务，只有这样，才能保证档案绝对安全。医院要切实做到医学装备技术档案管理"四化"，为医院医疗设备档案进一步开发利用打下基础。

一、医学装备技术档案的内容与标识

建立医学装备技术档案是一项非常细碎和繁杂的工作，各医院可根据各自具体情况确定归档范围。一般来讲，单机（台）价格在5万元以上的医学装备应建立档案，并实行一机（台）一档，内容主要包括采购资料、技术资料及售后维修资料，保存期限可选择为长期；对于单价不会超过5万元人民币的医疗设备，各个医院需要根据自己的实际需求来确定具体的管理策略。医学装备有案可查，若医学装备报废，档案也应随之处置。

（一）医学装备技术档案的内容

1. 甲乙类医疗器械相关

（1）卫生厅（局）关于大型医用设备配置的批文（甲乙类设备）；（2）大型医用设备配置许可证复印件（甲乙类设备）；（3）三证：经销商《营业执照》复印件、《医疗器械产品注册证》及附件复印件和《医疗器械生产企业许可证》或《医疗器械经营企业许可证》复印件，并加盖供货单位公章；（4）企业法定代表人的委托授权书原件，委托授权书应明确授权范围、授权期限及联系方式；（5）消毒卫生许可证（消杀设备）；（6）招标公司整个招标过程资料合订本。

2. 中型（外贸）医疗设备相关

（1）购置合同；（2）机电产品进口登记表（外贸进口医疗设备）；（3）海关

进出口货物征免税证明（免税医疗设备）；（4）外贸合同（免税医疗设备或外贸进口设备）；（5）外贸公司代理协议（免税医疗设备或外贸进口设备）；（6）商检证明（免税医疗设备或外贸进口设备）；（7）安装验收报告；（8）设备装箱单；（9）产品的合格证（国产设备）；（10）产品使用说明书（包括维修手册）；（11）保修合同；（12）使用记录；（13）维修保养记录；（14）医疗设备报废申请表（报废设备）。

（二）标识内容与格式

1. 标识设计内容

（1）编号（作为关键词，医疗器械唯一标识）及分类代码 B。（2）器械名称、型号、启用日期、使用科室（属于医疗器械基本信息）。（3）条形码，根据医疗器械编号，按照 BARCODE-128xcode-39 原则，生成医疗器械编码条形码。

2. 器械编号方法

前 4 位为该医疗器械的购进年月，中 4 位为医疗器械所属分类编码的前 4 位，后 4 位为该年该类医疗器械的流水号。我们在给医疗器械编号时要尽量避免重复编号。对于使用计算机来管理信息系统的机构，它们的编号将由计算机在器械出库单上独立生成。

二、医学装备技术档案的分类

（一）医疗计量器具类技术档案

医疗计量器具类技术档案是保证医院医疗计量器具安全、正常、合格、高效使用的关键基础，由计量器具与压力容器两大部分组成。计量器具的技术档案包括年度计量明细清单和计量合格证。设备科（处）的全职计量员每年都会对数据进行整理，整理完成后，他们会将这些数据提交给医院的档案室，并完成《医疗器械资料移交接收单》的填写工作，双方都需要签署并妥善保存，以确保交接过程的严格性。压力容器技术档案包括产品说明书、产品合格证书、计量部门检定合格证书、年检报告、安装申请和批复报告。由于压力容器的技术文档每年都需要进行审查，所以这些文档由设备科（处）的专业计量人员负责保存。

（二）医用耗材类技术档案

医用耗材的技术档案在确保医用耗材在医院环境中安全、正常、合格和高效使用方面发挥了至关重要的作用，设备科（处）的工作人员有义务对其进行全面的收集、积累，并确保其得到妥善的保存。根据医用耗材的类别不同，档案的内容也有不同的要求，现介绍如下：（1）新进物品申请表；（2）招（议）标标书及三证（经销商《营业执照》复印件、《医疗器械产品注册证》及附件复印件和《医疗器械生产企业许可证》或《医疗器械经营企业许可证》复印件，并加盖供货单位公章）；（3）招（议）标结果；（4）长期合同；（5）厂商承诺书；（6）消毒卫生许可证（消杀用品）。医用耗材在使用时，医用耗材档案要妥善保管。当医用耗材使用完毕后，其相应档案（包括计算机存储档案以及由文字和图表组成的技术档案）可按照有关规定予以鉴定销毁。特别需要强调的是，医用耗材一次性被植入人体是永久性的，因此档案应作为长期保存的资料，不应被轻易损坏。

三、医学装备技术档案管理的要求

档案管理就是针对档案实体和档案信息进行管理和利用服务的所有业务总称，现阶段采用动态管理。医学装备技术档案动态管理的具体要求是：档案文件集中存放，每个管理周期进行一次统计整理分析，在需要的时候可随时借阅，档案资料可立即整理、立即存档，在医疗器械提交完整报废报告的时候将档案文件封存起来。

就信息管理而言，档案管理具有举足轻重的作用。根据《国家档案法》的规定，属档案管理范围的文件，其原始资料保管和管理必须以档案的形式进行。医疗设备从采购到淘汰报废的每一个环节都需要大量的文件、资料、原始记录以档案的形式存档备查。所以医院建立设备管理档案是非常必要的，各类档案资料必须由专人收集、汇总、管理，并应规范化管理。

医学装备技术档案管理规范要求做到"真实、可信"，在医疗器械管理的各个环节都应及时收集各种档案资料。医疗器械档案管理人员须收集、整理、装订、归档保存，对完整卷宗进行编号建册。档案的内容包括技术原始记录报告和其他装置的静态内容；原始应用、论证表等；各类订货卡片和进口批件；订货合同及合同附件及其他；装箱单及发运单；验收、调试记录以及订货合同；计划申请报告等。动态的内容如器具使用过程中事件的记录、维修情况的记录以及各种检测结果的记录等。

档案保管时注意防潮，防虫蛀以免造成不应有损失。档案形成周期长、涉及科室多、人员多，如果其中某一个人或者过程不谨慎、不严密就会对档案质量产生影响，严重时还可能给医院带来无法弥补的经济损失。因此，要保证档案质量就必须有步骤地开展管理工作，还必须积极动员建档时各个参与方通力协作。只有从认识上注重档案管理，才能使档案管理实践中的每一个环节都能高效优质地进行。

四、医学装备技术档案的调用

医学装备技术档案是医疗设备从证明购置至完全报废过程中的完整记录，不论对于设备科还是医院都具有重要价值：根据来源、直接凭据、调阅、参考。在实际工作中档案的管理和利用是同步发展的，只是重点有所不同。档案保存只是作为手段存在的，服务于利用是它的真谛。

医疗器械档案信息作用越来越被医院所重视，尤其在医疗器械采购和管理文件编制时更需查阅医疗器械档案。通常，对于设备的日常使用、日常保养、维护都不能脱离医疗器械档案所提供的各种说明书等资料，档案借阅制度一定要遵守，凡借阅档案一定要严格审核、登记、注明期限。我们在合理利用档案的同时，也需要加强档案利用规定宣传，切实排除可能给档案质量带来不利影响的潜在危险。

医学装备技术档案在医院管理中起着决定性作用，同时也是重要的法律文件，是处理医疗器械引起的各种纠纷的法律依据，规范化管理可以使之发挥更大的作用。

第四节　医学装备信息档案管理

一、医学装备信息档案管理的信息内容

（一）医学装备信息档案前期管理中的有关信息

1. 计划信息

计划信息主要包括中长期规划、现行的购置计划、财务预算计划和资金来源。

2. 合同信息

合同信息由合同号码、批准证号、设备名称、规格型号、生产厂家、数量价格、技术指标、功能特点、配件种类、消耗材料、化学试剂、资料图纸、订货日期、到货日期和电话传真组成。

3. 管理信息

管理信息主要有审批程序、审批权限、固定资产管理手续和财务手续等。

4. 进口信息

进口信息主要有外商名称、注册证号、代理授权证书、招标程序、专家论证、外贸合同、付款方式、运输方式、运费保险等。

5. 到货信息

到货信息主要有报关免税、商检索赔、单据验收、安装调试等。

（二）医学装备信息档案中期管理中的有关信息

1. 出入库信息

出入库信息主要有建账建卡、建数据库和采用分类代码等。

2. 使用信息

使用信息主要包括项目内容、使用制度、操作规程、使用部件、性能状态、开关时间、人次数和标本数等。

3. 档案信息

档案信息主要有申购资料、订货卡片、合同发票、货单运单、进口批文使用

说明书、维修手册中的故障记录、维修记录和计量记录等。

4. 计量信息

计量信息主要有人员状况、送检免检和强制检测等。

5. 维修信息

维修信息有设备的名称、破损部位、调换零件和工时费用等。

6. 考核信息

考核信息主要包括计划执行情况、库房管理情况、档案资料的管理情况、效益评估和维护保养情况，以及使用修理情况和调剂报废情况。

7. 效益信息

效益信息是指诊疗人次科研成果、培养人才、选题多少、教学任务、收入支出、开发服务的情况等。

（三）医学装备信息档案后期管理中的有关信息

1. 调剂信息

调剂信息主要有条件标准、审批权限、调剂原则和保管维护。

2. 报废信息

报废信息涉及条件标准、审批权限和资产处置的财务处理。

二、医学装备信息档案管理的分类与代码

标准类型在不同行业有不同，医学装备分类及代码标准属于卫生行业标准。

通常我们所称物品分类与代码是指国家主管部门安排专门人员对生产部门产品、商业流通领域商品以及使用单位所使用材料进行分类（即产品商品物资，统称之为物品），按照科学方法进行统一分类，并分别给以不同的数字代号，形成一物一个数码代号，以满足主管部门的统计、分析、决策和管理的需要，这对全国各行业各单位之间的信息交流也是极为重要的。

医学设备的分类和编码是由国家卫生管理部门组织的专家团队完成的，他们在国家物品分类与代码（GB7635-87）的基础上，对卫生系统使用的医疗、教育、研究和药物制造等领域的设备和材料进行了进一步的扩展和细化，并确保了其与国家标准的一致性。

不论是在国家范围内对物品进行分类和编码，还是对医学装备进行分类和编码时，均应追求科学性和标准化，坚持"一物一码"。

（一）医学装备分类与代码的产生

医学装备管理工作者，在以往的管理工作中，特别是在账、物、卡的管理中均使用各种不同的分类编码方法，有根据自己的知识和经验自行编制的，有采用其他有关单位使用的分类号，也有采用有关系统，如国家教委制定的编码。分类编码的不统一，给单位间和卫生系统内外的信息交换带来了很多困难。为此，1984年原卫生部（今国家卫生健康委员会）《医学技术装备丛书》编委会提出并起草了医学装备分类编码初稿，这得到了卫生部领导的高度重视。

1987年卫生部计划财务司正式发文负责组织制定医学装备的分类和代码标准，并由北京医科大学主导，与山东医大、上海医大、中国医大、中山医大、白求恩医大、同济医大、华西医大、湖南医大共同合作，广州中医学院、北京中医学院、中国医学科学院、中国中医研究院、中国预防医学科学院、北京生物制品研究所和中日友好医院的25位专家教授组成编写组。在国家统计局、国家技术监督局以及国家标准化与信息分类编码研究所的领导和指导下，进行了超过三年的深入调查和研究，并与相关单位进行了资料的收集和合作协商，在多方征求各方面意见和反复修订等诸多工作后，卫生专业物品分类编码标准在1990年制定完成，即《全国卫生系统医疗器械、仪器设备（商品、物资）分类与代码》[WZBO1-90]，其在1990年5月经中华人民共和国卫生部、国家中医药管理局批准颁发试行。

（二）医学装备分类与代码标准的执行与修订

《全国卫生系统医疗器械仪器设备（商品、物资）分类与代码》[WZBO1-90]，在全国卫生系统组织了多次宣传贯彻、培训和推广应用活动。

1999年卫生部组织有关专家根据收集到的意见和各方面的信息对其进行了修订。这次修订内容，还纳入了1992—1993年两部两局讨论统一审定的有关内容，经与国家标准化与信息分类编码研究所协商，定名为中华人民共和国行业标准《全国卫生行业医疗器械、仪器设备（商品、物资）分类与代码》[WS/T118-1999]，1999年1月21日由中华人民共和国卫生部发布，其于1999年7月1日实施，并由中国标准出版社出版，全国发行。2000年3月卫生部规划财务司、卫生部《医学技术装备丛书》编辑委员会、中国医学装备协会组织编写了《汉英医学装备科学仪器分类词典》作为与其配套使用的科学分类、释义的专科性工具书。

《全国卫生行业医疗器械仪器设备（商品、物资）分类与代码》[WS/T118-1999]保持了与国家标准《全国工农业产品（商品、物资）分类与代码》[GB7635-87]的兼容性，是它的子标准。这是我国卫生行业现阶段统一核算的基本准则，也是卫生行业交流经济技术信息的通用语言，更是卫生行业开展各项汇总统计及报表等工作的基础。

第三章 医院病历档案管理

本章主要讲述医院病历档案管理,从四个方面展开叙述,分别是医院病历档案实体管理、医院病历档案全程管理、医院病历档案数据管理以及医院病历档案信息管理。

第一节 医院病历档案实体管理

一、现代病历档案实体管理的历史

1921年北京协和医院引进国际病历档案管理方法,借鉴档案管理经验成立了中国近代病历档案管理史上最早的病历档案管理部门——病案室,开始了病历档案集中统一管理的实践,并在随后病历档案管理工作中获得了不少经验。

1922年当时政府颁布了《管理医士暂行条例》《管理医师暂行条例》《西医条件》3个文件,明确了中医、西医病历、病历档案。这些条款要求中医或者西医医生及医师执业时必须用治疗簿来记载患者社会信息、疾病名称、诊疗过程及治疗方法等。这些规定还明确了病历档案的保存方式和期限,强调在治疗完成后,中医医生有责任将这些以治疗簿形式保存的病历档案保持5年时间,对于西医医生来说,他们有责任将治疗簿中的病历资料保存长达3年的时间。从当时的情况来看,病历档案的具体保管部分并没有被明确指出,仅仅是规定医士和医师需要将病历档案保存长达5年。然而,关于如何以及在何处进行保存,相关文件并没有给出明确的指导,也未专门涉及病历档案实体管理,仅就病历的某些方面及其保管期限作出规定,对于病历档案管理整体流程还缺少系统要求。

1921年至1949年，周连宽《档案管理法》、程长源《县政府档案管理法》、何鲁成《档案管理与整理》等档案学的13本著作的理论，为处于混沌状态下病历档案管理工作提供了理论依据。

中华人民共和国成立后，随着社会主义建设的不断发展，我国各地相继兴建或改扩建了不少医学院校和医院。这一举措不仅使我国医疗卫生事业得到强化，而且还积累了丰富的病历档案。病历档案作为患者以往健康情况、发病过程以及医师诊断治疗、检验检查、护理服务等经过与医疗效果的综合系统医疗记录，其作用和重要性越来越被广大医务人员及医院管理者所关注。病历档案的建立不仅对于病情的恢复有重大意义，而且对于患者之后的治疗有一定的借鉴作用，对于患者新发疾病有一定的诊疗参考。病历档案对于每一位患者终身保健、在疾病治疗等方面有着非常重要的作用。特别是对于医务人员而言，病历档案还是他们积累临床经验、开展科学研究和提高医疗服务质量的一个重要媒介。病历档案在医务人员诊断治疗过程中起着非常重要的作用，医疗机构需要病历档案管理部门能及时、准确地提供病历档案。

二、医院病历档案实体管理的主要任务

我国的现代病历档案管理起源于北京协和医院。在20世纪60年代，以北京协和医院为代表的一群病历档案管理专家总结了病历档案管理的实践经验，完成一本专著，这对于病历档案实体管理有着十分重要的指导作用。李铭在《病案管理》中指出："病历档案的内容是临床医疗工作经验的积累，也是医疗质量的真实反映，集中了一个医疗机构各项医疗工作的成果，其作用十分广泛、十分重要。"[①]《病案管理》一书从病案室具体工作中引出病历档案管理内容，同时对病历档案管理也做了进一步分组，得出病案室工作为挂号、供应、统计和病历档案管理等4个组，4个组密切配合，相互联系。病历档案管理组主要工作内容为收集、整理与保管工作，整个管理工作中虽不存在鉴定环节，但病历档案的整理工作流程与保管工作均需进行病历内容的鉴定，对价值予以认定，确保收藏的病历档案均有保存价值。

---

① 李铭.病案管理[M].北京：人民卫生出版社，1964.

（一）医院病历档案的收集

1. 医院病历档案的收集概述

在《病案管理》这本书中，并没有对病历的收集进行详细和明确的描述，但在介绍其他相关内容时，确实涉及了收集的部分，这表明当时的收集并未被视为一个独立的病历档案管理过程。

在病历档案的实体管理模式中，病历的收集被视为初始步骤，而对病人的基本信息的收集则是这一流程的核心工作。对一个待查病历来说，其开始于患者入院方式。患者入院有门诊、急诊、转院三种路径。不论何种途径，收集患者的资料都是重点。患者入院后，先要为患者发放院内标识，即病历档案号。患者病历档案号的发放是病历采集的首要环节，可采集包括患者身份证明资料、工作单位、社会单位以及家庭在内的社会基本信息。医院通过病历档案号能够对该患者进行标识，也方便了医生在医院内对患者进行诊断治疗，对检验检查等业务过程中所形成的病历进行累积，这样的累积使得每一位患者病历档案都有连贯性以及连续性。

采集病人信息是病案管理中的一项内容吗？采集患者基本信息始于哪一项？《病案管理》中将挂号工作作为病案室的具体工作，而且是病案室工作的第一项内容。其在对初诊挂号进行说明时阐述了病历档案与挂号之间的关系："凡病人第一次来院就诊，称为初诊。根据病人就诊的科别按序提出小票两张，一张别在新病案上，一张交给病人作为就诊时间的依据，并收挂号费，给予收据。……病案的身份部分由病人自行按项填写，或由服务员代填，填齐后，再交回挂号处。……检阅完毕将新病案保留，待供应人员分送。"[①] 挂号人员也需在患者就诊完毕后使用预约券对患者进行下一次预约就诊，并在患者下一次就诊时向供应人员发放预约券进行病案调取。挂号工作是搜集患者资料的来源，并在供应环节上提供了被检索到的患者基本情况。保证病历完整、可靠，是收集工作中的一项重点工作。患者是医院的主要服务对象，他们接受医师、技师及护理人员的诊断治疗、检验检查及护理服务时，医师、技师与护理人员产生了大量的原始医疗记录，这些记载经病历档案管理人员整理后，就成为病历档案。一个完整、可靠的病历档案，归根到底，应能全面搜集到与患者相关的、能反映患者在医院内所进行的各种诊

---

① 李铭.病案管理[M].北京：人民卫生出版社，1964.

断治疗、检验检查等医疗服务过程的全部资料。

2. 医院病历档案的收集的方式

在病历档案的征集工作中，它的征集方式受到病历档案形成方式的影响。医疗机构病历档案的形成途径有一体化病历档案、资料来源定向病历档案、问题定向病历档案等三种类型。

（1）一体化病历档案收集方式

一体化病历档案指的是在患者出院或者去世时，由病区负责收集病历的护士对每份病历中的全部资料严格按年代顺序排列整理。一体化病历档案具有为用户提供能综合体现诊断治疗、检验检查、护理服务历史过程的优势。这一医疗历史发展过程按时间顺序编排，能综合反映出这一患者在医院内医疗事件的全貌。一体化病历档案存在的弊端在于使各种医疗记录散布于病历档案中的不同部位，从而使不同种类病历材料被混杂排放，导致归档后出现寻找使用费时费力、统计分析和使用服务有限的问题。就像一天中生成的病程记录、术前小结、护理记录、检查申请单、报告单等等，都将交叉杂乱无章地出现。对于一体化病历档案的收集，病案管理部门由于病案管理人员对医疗业务不甚了解，因此对大型医疗机构通常不会采用一体化病历档案的方法来组建病历档案。一体化病历档案的形成途径主要集中在小型医疗机构，小型医疗机构所从事的医疗业务并不繁杂，病程短，病历材料种类少，例如社区卫生服务机构和基层卫生院。

（2）材料来源定向病历档案收集方式

材料来源定向病历档案是先将患者在医院诊治过程中所形成的各种病历材料如病程记录、检验检查申请与报告、护理记录等进行集中，再把不同来源的病历材料集中起来，按时间顺序排列。如将病程记录中按照首次病程记录、上级医师查访记录、交（接）班记录、转出（入）记录、病例讨论记录、出院记录（或死亡记录）等按照时间从先到后的顺序排列。

材料来源定向病历档案，有效解决了一体化病历档案难以寻找和使用的问题。病历档案的保存目的就是为了对各类病历档案进行利用，而利用时能提供一份高效的病历档案则是病历档案管理工作的基本宗旨。在对病历档案进行实体管理的过程中要想使病历档案能充分发挥辅助医疗、教学科研以及社会利用的作用，关键在于在找到病历档案的时候能对病历档案的内容进行全面系统的利用。一体化病历档案难以全面系统地呈现各类病历内容,材料来源定向的病历档案能够集中反映病历档案主页、入院记录和病程记录等信息,并有供病历档案利用者使用的检验检查及护理记录。材料来源定向病历档案的形成模式,可在大中型医疗机构中应用。大中型医疗机构因接诊患者病情普遍较重,病程较长,少则几天,多则数月,病历材料贯穿于诊断治疗全过程,可持续生成病程记录、检验检查应用与报告以及护理记录。我们若不按材料来源有针对性地对病历档案的形成途径进行规范的病历档案采集,则病历档案将变得更厚重、更杂乱,继而给后期病历档案的利用带来检索上的难度,从而影响到各类病历档案的利用和服务。

(3)问题定向病历档案收集方式

问题定向病历档案是根据疾病诊断和治疗计划把每一位患者病历档案划分为不同问题目录并根据问题目录采集病历。问题目录由患者基本信息、患者疾病问题目录、治疗计划、病程记录和出院摘要5个部分组成。问题定向病历档案的形成需要医师对患者进行诊断治疗时,从疾病问题总数量与疾病问题关系出发,研究并提出患者存在的全部问题,并针对这些问题加以分析,根据轻重缓急确定诊疗计划及路径以应对该患者的各种疾病问题。

患者基本情况即为问题定向病历档案中患者基本情况,主要包括:患者主诉、现病史、既往史、个人史、家族史、体格检查及其他记载。

患者疾病问题口录就是患者在本次住院过程中所出现的各种疾病所需进行的管理或者具有诊断意义的体检,凡是对患者自身健康生存和生活质量造成影响的问题都会成为医学上和社会上的难题。病人疾病问题的目录是根据日期、编号和标题来组织的,其中包括了现有的问题、过去的问题以及已经得到解决的问题。治疗计划就是依据患者疾病问题目录上明确的问题来制订患者问题处理治疗方案,主要有诊断性方案、治疗性方案、营养性方案、功能恢复性方案以及患者教育方案。

病程记录严格遵循患者疾病问题目录,每个患者的疾病问题都单独对待。对于不同号码患者的疾病问题目录应由医师连续性地记录患者病情的诊断和处理过程。医师在处理每一个问题时的病程记录,能够让每一位参加医疗与质量评价工作的人员都能深刻地认识到患者的疾病问题,从而方便了患者的治疗与医疗质量评价工作。

出院摘要就是医师对患者所解决特殊问题治疗结果的简单概括，可以重点描述患者出院后仍未得到解决的情况，或需进一步诊断和治疗的疾病及健康教育计划和随访计划。

3. 医院病历档案收集的重要环节——点收

在病历档案管理中，点收环节具有独特的意义。由于病历档案自身内容繁杂且种类繁多，为保证病历档案能收集完整且无误，我们在病历档案管理中采用了点收方式来对病历档案进行验收，所以，点收其实质就是在医疗卫生领域内进行采集，即为保证所收病历档案的完整性和正确性而进行的采集活动，其可以为医务人员在诊断治疗过程中提供借鉴，病历档案管理部门有必要对病历档案进行及时的收集。此外，前面对病历档案特点的讨论中已表明病历档案中的记载带有明显的医学特色且病历档案中记载的内容繁多，所以，病历档案管理部门收到病历档案后，需仔细检查各病历档案的内容。病历档案内容所涉科室众多，流程繁杂，患者自住院至出院所经历所接受诊断治疗、检验检查及护理服务的过程也比较复杂，造成该病人的病历档案数量多且繁杂，加上有时还会出现转出（入）科室的情况，势必造成每份病历之间可能存在差异。每经过一临床业务科室，均需经过登记簿册，交待清楚，以明确职责。病历档案收集过程中点收工作至关重要。病历档案管理部门以点收方式，把病历保管职责由医疗业务科室移交给病历档案管理部门。所以，点收是收件的一个重要环节和病历档案管理部门负责病历档案管理的开始，病历档案管理部门在处理这一过程时应非常谨慎。病历档案的收集人员一旦点收错了，导致其装订不正确，使其资料不规范，则是其不可推卸的责任。病历档案收集人员要想明确点收而不至于出现差错，就必须明确把握病历中的详细内容。

为保证病历档案点收的顺利实施，病案管理员应掌握一些生理、解剖、病理及细菌等基础医学知识。除把握病历运作流程外，病案管理及更需要其在此基础上对每份收回的病历档案中蕴含的特定医疗文件进行认真、仔细地检查，只有这样才能减少差错的发生。点收作为病历在临床业务科室中操作的最后一个环节，是病历档案管理中的开始。

点收是病历档案管理部门职责的起点，谨慎之余也应考虑工作效率。病历档案的点收，从表面看来是一件很容易完成的事情，微不足道，但略加剖析，我们可以发现病历档案在实体管理模式中的点收具有决定性。生成病历的工作流程涉及多部门、多业务、多内容，关系到病历的整体运行情况。点收从病历整体运行来看可视为医疗业务活动中的最后环节，但对病历档案管理工作来说，却是起点。点收手续若欠完备，将影响病历档案管理部门之后的工作。若某个住院号病历还未存档，或缺少有关检验检查报告和病理报告，同时病历档案收集人员对其点收工作不重视，并于病历收集簿册上盖有病历档案管理部门点收之章或签章。这时，此病案如有利用者存在，且病历档案管理部门不能提供此病案缺漏之处，也不能证明此住院号病历未存档，必然使病历档案管理部门在工作中出现失误。

为保障病历档案的实体安全，各医疗机构在病历档案点收过程中，均制定了相关病历档案管理制度以规范病历档案管理回收过程，该制度也发挥了对医师病历交接行为的制约作用。在病案管理中，病案的收集被视为至关重要的环节，只有当病案被完整地收集并被妥善整理时，它才能真正发挥其应有的功能。一般医院对于病案回收时间均有明文规定，有些是在患者出院24小时之内回收，有些则在48或72小时之内需要被病案室派员全部追回，病案得不到及时追回，既影响了病案整理、编目和登记，又影响了统计资料及时性和医院统计报表迟报、漏报。通过对病历档案回收流程的规范化管理，我们明确了点收是病历档案收集过程中的一个关键环节。

（二）医院病历档案的整理

1. 医院病历档案整理的意义

（1）提示了病历中各记录间的有机联系，为病历档案作用的充分发挥创造了良好的条件。管理病历档案，最主要的原因之一，就是能及时、有计划地提供病历档案，为医疗、临床研究、教学科研、医院管理和付款凭证、医疗纠纷与法律依据及其他提供多种方式利用服务。早期病历档案管理，基本是围绕这一宗旨进行整理的。要实现这一目标，就需要对病历档案进行收集后进行科学的整理。未经整理系统化病历档案不能够充分反映病历档案医疗业务活动历史记录特点、诊断治疗情况、检验检查与护理服务以及其他一切医疗活动之间的历史联系与本来面貌。病历档案整理的根本任务之一就是要把病历档案形成系统，并通过编目把它固定起来，以便于使用。鉴于病历档案是独一无二的，我们只能根据一个预先设定的组织结构和标准来进行组卷，因此，我们不能根据不同的需求来为病历档案创建不同种类的案卷。

（2）在病历档案管理的全部业务活动中，病历档案整理工作是一个关键环节。整理病历档案，即把汇集在病历档案管理部门中的病案组卷成为一个有机的整体，既是对病历档案利用的保证，又是整个病历档案管理的基础。收集病历档案是其出发点，向不同种类的人提供利用病历档案是其宗旨，整理病历档案是出发点和宗旨之间的联系。病历档案整理承上启下，我们把病历档案采集质量评价出来，就是对采集质量的再检验。病历档案的整理过程和病历档案价值鉴定通常是同步的。要想确定病历档案是否具有价值，就必须全面审视和系统分析病历档案，只有系统整理后的病历档案才有可能为病历档案价值的确定提供科学依据。经整理后的病历档案案卷是病历档案保管、统计、核对、评级的特定工作对象与基本单元，是病历档案进行检索工作，是著录标引与提供利用的首要依据。所以，我们对病历档案进行整理，能够切实发挥病历档案的作用，达到病历档案的整理目的，为病历档案整理打下基础。

2. 医院病历档案整理的任务

整理病历档案的职责涵盖了以下几点：首先，病历档案管理部门需要每天派遣专门的收集人员前往各个病区，收集患者在前一天出院时的病历信息。其次，病历档案管理人员根据病历档案整理的要求和病历档案管理规范的要求，将病历内容排序组卷、编码装订，由病历档案管理部门监督相关医师按时填写病历记录，全责检查病历书写质量，并将病历档案质量及时反馈主管领导及相关临床业务科室，确保病历档案的完整性。

前期病历档案的整理比较简单，其主要内容表现为系统化病历材料的整理。早期的时候，住院病人出院时，由病房护士将病案汇总，送交住院会计处暂时保管（一般在这段时间内不借阅，若遇特殊情况，可待病案室办妥整理、装订、统计等手续，再按照借阅的程序进行处理）。第二天上午由病案室收回所有出院病案，做当天的出入院统计，并按照一定的先后顺序排列。然后，要列病历档案各种资料的编排次序，把住院病案主页、门诊病案、入院记录、完整病历、病程记录、中医理疗记录、出院总结或者死亡记录、特殊记录、检验检查报告单、体温单、脉搏单、呼吸单、中医处方、医嘱单按顺序排列和整理。这就是整理病历档案的全部内容，把系统化病历档案作为首要的工作目标。

第二节　医院病历档案全程管理

　　传统的病历档案实体管理方式主要集中在物理存储和人工操作上，且许多早期的病历档案管理员缺乏相关的专业背景，这导致他们在医学知识和专业技能上存在短板，难以对病历档案的内容质量进行有效的把控。虽然这种实体管理模式在一定程度上保障了病历档案的物理安全，对我国病历档案管理的发展产生了一定的推动作用，但它未能有效解决病历书写过程中出现的各种质量问题。因此，随着医学科学的不断进步，当前的病历档案管理工作已经无法满足日益增长的档案管理需求。为了应对这些挑战，我们需要对病历档案实体管理模式进行深入的改革和创新。

一、现代病历档案全程管理的历史

　　1982 年 1 月 12 日，在我国卫生部颁布的《全国医院工作条例》中，对病历档案的内容做了详尽的阐释。该条例站在全局管理的高度，着重强调了医务人员在病历书写过程中的职责和期望，首次在管理层面凸显了提高病历档案质量的迫切性。它规定医务人员在撰写病历时必须严格认真，且要在既定时间内完成。这一条例通过将病历的生成与积累整合到医院的常规管理活动中，为病历的创建和积累制定了清晰的指导原则。在这一理念的引导下，全国各地的医疗机构开始纷纷加强病历档案的管理工作。他们成立了专门的病历档案管理机构，配备了专业的管理团队，并逐步优化了相关的管理规程。随着医疗机构对病历档案管理重视度得到提高，如何培养和选拔出色的病历档案管理人才也逐渐成为公众瞩目的议题。

　　基于《全国医院工作条例》的框架和指导原则，1982 年 9 月，全国病案统计学术会议在南京隆重召开。此次会议审议并通过了《全国省地市综合性医院病案管理工作基本要求》（以下简称《基本要求》）。该《基本要求》明确规定了医院对于门诊和住院病人的病案必须进行全面、细致的管理。不论医院级别，均应高度重视病历档案的保管工作，并设立专门的病案室，负责全院病案的集中管理。此外，《基本要求》还着重强调了病案管理机构的组织结构、病案委员会（或领导小组)的设立及其职责、病案管理的基本准则以及病案室的核心任务等内容。

在阐述病案委员会（或称为领导小组）的角色时，《基本要求》强调了病历档案管理部门为提高病历书写质量，必须与临床、教学和研究部门保持紧密的合作关系。这种协作确保了医疗记录的准确性和完整性。同时，在阐述病案委员会的职责范围时，不难发现其全面覆盖了管理的各个环节。具体而言，《基本要求》明确规定了在病历档案的管理程序中应包含持续性的监管、专业的指导以及定期的审核等核心管理要素。同时，文件中也明确指出："病历档案管理委员会应承担起监督和推进病案管理各项工作的职责，并组织开展多形式的病案质量评估。"[1]另外，《基本要求》还详细阐明了病案委员会在病历档案管理中所扮演的多元角色，包括监督、指导、审查及协调等。这些职能的充分施展，让病历档案成为医务人员与档案管理人员之间沟通的核心纽带。在病案委员会的持续推动下，病历档案管理部门能够顺利地将管理标准传达给临床医务人员，从而有力提升病历档案的实质质量和管理效能。

随后，各级医疗机构在重视病历档案管理成效的同时，逐渐将工作重心从单纯的结果审查转向了运行中的病历质量控制。这种转变意味着医疗机构对病历档案的管理不再仅仅局限于"收集"这一环节，而是向前延伸到了病人在医院接受诊断、治疗、检验检查以及护理服务等整个"医疗过程"。这一转变在当时的病历档案教材中也得到了印证。以任遵圣所撰写的《病历档案管理基础》和李国威所著的《病案管理学》为例，两者均使用了大量篇幅详细论述病历档案的规范书写方式。而刘新军与顾眉君共同撰写的《病案学》则进一步凸显了病历档案管理对其产生过程的重视，特别是强调了临床医生、医技人员及护理人员在关乎病历档案质量的核心作用。"临床医生在构建病历过程中扮演着至关重要的角色，他们是病历内容的主要记录者，整个病历的框架和结构都依赖于他们的精心设计……病历信息的简明扼要、内容的丰富度与深度都与临床医生的工作密不可分……医生在病历管理中的领导和指导作用，是确保病历质量达到高水平的关键因素"[2]。随着对病历档案管理角色认识的加深，负责管理病历档案的部门开始更积极地指导、监督、评估和协同各类医务人员，如临床医生、医技专家及护理人

---

[1] 全国省地市综合性医院——病案管理工作基本要求（草案）[J]. 医学研究通讯，1982，（05）：9-12.
[2] 刘新军，顾眉君. 病案学[M]. 北京：中国劳动社会保障出版社，2002.

员在病历撰写方面的实践工作。这些管理要求主要围绕几个关键点展开：首先，病历书写必须使用钢笔，这是一项明确规定；其次，书写内容必须采用中文表述，以确保所记录信息的详尽性和完整性；同时，在病历中涉及疾病名称、手术分类、专业术语以及计量单位时，必须严格遵守既有的规范和标准；最后，对于病历的提交时间和书写质量，管理也都有明确的标准和要求。在病历制作过程中，有着严格的规定：文字必须清晰可读，页面须保持整洁并有序排列，标题要简洁明了，任何涂改都是不被允许的。同时，病历的内容必须体现时效性、准确性、完整性和规范性。周倬然等专家为参与病历编写的各类医疗工作人员，包括医师、护士、挂号处职员及医技部门人员等，提供了全面细致的书写指导。这些规定的贯彻落实，显著增强了医疗机构对病历书写工作的重视程度。以北京积水潭医院为例，该院在1988年便对超过5000份病历进行了质量评估，并根据评估结果有针对性地组织了现场教学活动，旨在不断提高医务人员在病历书写方面的专业素养和能力。

二、医院病历档案全程管理阶段的主要任务

为了确保病历档案的高质量，病历档案管理部门不仅应关注终末阶段的病历收集、整理、保存和提供等实际操作，还需要根据全程管理理论，将病历档案的生成源头也纳入管理范围。这意味着其要对病历的创建和积累过程进行严格的监督和指导。实现高质量的病历档案是全程管理理论在病历档案管理实践中的具体体现。通过规划、监督、指导和协作等多种手段，病历档案管理部门能够全面、系统地管理病历档案，从而有效提升其质量。

（一）病历档案规划管理

规划，作为法度和策略的体现，通常指的是一种全面且长远的发展蓝图。它通过深入剖析整个组织体系，为未来3至5年的运营策略提供明确指引。病历档案作为专业档案领域中的一个关键分支，其管理工作无疑也受到档案相关法规、制度和操作指南的规范与约束。

1982年，随着全国档案工作恢复与整顿任务的圆满完成，在同年12月，全国档案工作会议隆重召开。会议审议并通过了《一九八三年至一九九〇年档案事

业发展规划》。该规划着重强调了档案馆的大规模建设、档案理论与技术的深入研究，以及档案利用工作的积极开展，旨在充分释放档案所蕴藏的巨大价值。对于科技档案领域，规划特别指出应加强其管理工作。基于此，全国各地以及各专业系统的档案部门，在遵循国家整体规划的同时，结合各自的实际情况，纷纷研究制作了符合本地、本专业特色的档案事业发展蓝图，并明确了具体的奋斗目标。

在这一有利环境下，病历档案管理把握住了发展的契机，各方面工作均取得了显著的进步。在持续的发展过程中，病历档案管理积极从其他领域汲取经验，特别是将全程管理理论引入档案管理领域并融入病历档案管理工作中。这种融合首先在中医病历档案管理中得到了体现。《中医病案书写格式和要求》作为规范中医病历档案管理的标准，统一了我国中医病案表格的格式，既规范了病历档案的外在形式，又丰富了其内涵。该标准最初由中华全国中医学会内科学会在1982年拟定，随后在1983年由卫生部以正式文件的形式向全国推广试行。

在1991年，国家中医药管理局召集专家团队审核并确定了《中医病案书写规范》，这是首次将诊断、治疗、检验检查以及护理服务等环节中使用的病历表格正式纳入病历档案的管理体系之中。

进入21世纪，卫生部在2001年组织编订了《住院病案首页》，这是我国首次从国家层面对全国的病历表格实施统一标准，这为病历管理水平的提升奠定了坚实基础，同时也为病历档案的信息化管理提供了标准的数据格式。此外，这一举措还有助于医疗机构在医疗质量管理与控制方面作出改进，完善病案管理，并为付费方式的改革提供了必要的技术支撑。值得一提的是，《住院病案首页》还为病历档案管理的全程管理提供了法律上的有力支撑。

病历档案管理部门针对本医疗机构所开展的病历档案管理规划工作，既是我国社会制度、医疗卫生事业以及科技档案事业协同发展的成果，也反映了病历档案管理员、医疗机构管理者以及医务人员对病历档案管理工作的高度重视和积极参与。这一实践不仅体现了科技档案的统一管理原则，更彰显了我国病历档案管理工作所坚持的"统一领导，分级管理"的核心理念。这一特色做法在我国的病历档案工作中有着举足轻重的地位。

规划作为病历档案全程管理的核心环节之一，涵盖多个重要方面：它涉及构建和完善病历档案管理的组织结构与管理制度、对病历档案管理工作的发展趋势进行科学预见、确立病历档案管理的发展策略，以及编制和调整各类病历档案管理的工作计划。病历档案管理部门针对本医疗机构所实施的统筹规划，主要展现在以下三个层面。

首先，在宏观层面，规划有助于在全国范围内深入贯彻党和国家在病历档案管理工作方面的各项指导原则、方针和政策，确保我国病历档案事业始终沿着社会主义的方向发展。此外，规划也有利于将党和国家关于建设和发展档案事业的宏伟蓝图细化为具体行动，从而激发医疗机构中病历档案管理员、医务人员和管理人员的积极性和创造力，确保党和国家关于病历档案工作的方针、政策以及各个时期的中心任务得到有效落实。

从宏观角度来看，规划还有助于各级政府对病历档案工作进行计划性领导和宏观调控。各级科技档案行政管理部门和卫生行政管理部门可以通过规划了解国家或本地区病历档案事业的发展规模、速度、数量和质量，从而更好地监督和检查科技档案行政管理部门和卫生行政管理部门在贯彻执行国家关于病历档案管理工作相关法律法规、方针政策以及相关任务方面的情况。这有助于我们及时发现问题，根据病历档案事业的发展规律合理配置资源，充分发挥病历档案的备考功能，从而最大限度地满足医疗、教学、科研和社会的需求。

其次，从中观层面来看，规划有助于各级单位更好地接受科技档案管理部门的监督和指导。病历档案作为科技档案的一个重要分支，在管理和发展过程中必须遵循科技档案行政管理部门的业务规范和指导原则。

最后，在微观层面，规划对于病历档案管理工作的全程管理也起到了积极的推动作用。病历档案管理部门通过制订详细的工作计划，明确任务分配和实施步骤，特别是将病历档案管理纳入医疗机构的战略和战术目标考核体系，从而将原本较为模糊的任务转化为具体、可衡量的指标。

病历档案管理规划不仅是医疗机构病历档案管理人员的职责，也是医务人员和管理人员共同承担的工作任务。作为医疗机构整体规划的关键组成部分，病历档案管理规划一旦确立，就具备了稳定性和持续性。医务人员、管理者及病历档案管理人员需要以此规划为指导，分别制订各自的工作计划。这种规划是一个循环往复、连续不断的过程，既要着眼于当前目标，又要为下一阶段的目标做好充分准备，这体现了医疗质量的持续改进。以控制病历档案书写质量为例，医疗机构需要规划建立一套四级质量监控系统，确保病历的形成和管理都严格按照规划进行。这套系统涵盖了从科室到医疗机构层面的多个监控级别。第一级由科主任、主治医师和护士长组成的科室病历档案质量监控组负责；第二级是医务部门和门诊部门监控组；第三级则依赖于病历档案科室的质量监控医师和病历档案科的质控技师进行终末质量监控；第四级则是由各临床专业专家组成的医疗机构病历档案管理委员会。通过这样一套多层次、全方位的监控规划，我们能够将医疗机构的全体医务人员和相关管理人员都纳入病历档案管理的范畴，从而有效提升病历档案管理工作的水平和病历档案的内涵质量。

通过精心制定病历档案全程管理规划，医疗机构及其病历档案管理部门的相关人员得以明确工作方向。明确的目标设定为医疗机构提供了合理分配有限资源的指引，确保病历档案管理工作能够获得必要的关注和支持，从而满足实际需求。以医院等级评审标准为例，它对病历档案管理的多个核心方面，如组织结构、人力资源、管理内容及流程等，均设定了严格的标准。这些标准着重强调病历档案信息的三大要素：真实性、完整性和精确性，并要求对这些宝贵信息进行及时、有效的分析、反馈及应用。在护理管理层面上，该标准敦促医疗机构积极构建并不断完善整体化的护理病历体系，以提升护理服务的质量和患者的满意度。而在更为宏观的医疗管理层面，由于病历档案被看作是评估医疗质量的重要依据，标准要求医疗机构必须建立并加强内部的质量管理机制。这包含了对四级病历档案执行严密的质量管控，为临床团队提供保障病历档案质量的专业化培训，以及对医疗、护理、医技和药品等相关领域的病历档案质量进行定期、综合的督查、检验、评价，并根据评价结果制定相应的优化措施。对于热切希望参与医院等级评审的医疗机构来说，预先对病历档案管理工作进行深入、周到的准备是至关紧要的。这样的准备工作可以确保从病历产生的起始阶段就实施有效的督查、检验和评价，进而大幅提高病历档案管理工作的整体质量和效率。

病历档案管理部门与医疗机构的评价体系紧密相联，双方携手制定病历档案的发展策略，确保病历档案管理的目标能够贯穿于医疗机构的各个层级和每位工作人员的日常工作之中。在病历档案管理委员会的领导下，该部门承担着日常的引导、监察、核实以及辅助等职责。通过设计详尽的病历档案管理策略，医疗机构成功地将涵盖三级医师查房规范、各类病例研讨准则等18项核心医疗质量管理要求顺畅地整合进病历档案的管理工作之中。此外，该策略还有助于构建和优化病历质量的评估与考核体系，通过加强医院、科室及主治医师三个层级的监督与考核，进一步确保和提高病历档案的质量标准。

（二）病历档案指导管理

在病历档案管理中，病历档案指导发挥着至关重要的作用，它为医疗机构的相关工作提供了方向性指引、过程性辅助和具体性建议。在档案学的术语中，这种指导常被称为工作业务指导。在全程管理病历档案的模式下，指导不仅是管理部门的中心任务，也是其高效运行和成果展示的重要途径。

病历档案管理部门在行使其指导职能时，始终坚守国家的档案法律、党的路线方针以及专门针对科技档案和病历档案工作的法规。这些包括医疗卫生行政机构发布的相关行政法规和技术标准，如《执业医师法》《医疗机构管理条例》及其《实施细则》《病历书写规范》《医疗事故处理条例》等。这些法规为病历档案管理部门明确了医疗机构在病历书写中的法定权利和义务，例如明确了民事行为能力、监护权、代理关系、近亲属关系的定义，以及医学证明的开具和病历复印的规定。这为病历档案的全面管理奠定了坚实的法律基础，保障了各项管理活动的合法性和规范性。

（三）病历档案协助管理

在病历档案的全程管理中，协助管理扮演着举足轻重的角色。与指导和监督管理不同，协助管理的特色在于它与临床业务科室及其上级管理部门——医务部形成了紧密的合作关系。这种合作模式使得病历档案管理部门能够更有力地促进和监管临床业务科室在病历档案方面的工作。相对地，病历档案的指导和监督管理主要依赖管理部门自身的力量来引导和推动临床业务部门的相关工作。简而言之，协助管理注重的是协同合作，而指导和监督则更加凸显病历档案管理部门的主导地位。

1. 病历档案协助管理的内容

病历档案全程管理的协助工作包含两个层面。首先，为了实现病历档案全程管理的目标，病历档案管理部门与临床业务部门之间，尽管没有直接的隶属关系，但需要建立横向的协作关系。尽管病历档案管理部门对临床业务部门没有直接的管辖权,但可以通过医疗机构的医务部进行协调。医务部,作为临床业务部门的上级主管部门,会要求临床业务部门按照病历档案管理的相关法律法规来规范病历的形成、收集、整理和归档等流程,从而确保病历档案的质量。其次,在病历档案的全程管理中,临床业务部门作为负责病历形成、收集、整理和归档的主要执行者,有时会因为其承担的责任和事务的复杂性,而无法独立完成这些任务。在这种情况下,他们需要病历档案管理部门的协助才能完成任务。这种协助形式体现了病历档案管理部门与临床业务部门之间的紧密合作和相互支持。综上所述,病历档案的协助管理可以分为两种形式:主动协助和被动协助。

从参与者的角度来看,病历档案全程管理协助主要涵盖了两个主体:求助方和支援方。举个例子,当病历档案管理部门需要医务部出面协助,以确保临床业务部门能按照病历质量标准完成病历的编写、搜集、整顿和归档工作时,病历档案管理部门就扮演了求助方的角色,而医务部则作为支援方提供支持。反之,如果临床业务部门在病历的编写、搜集、整顿和归档等方面需要指导,并向病历档案管理部门提出协助请求时,那么临床业务部门就成了求助方,而病历档案管理部门则转变为支援方。

从行为层面分析,病历档案协助管理涉及两个主要动作:求助方的请求行为和支援方的辅助行为,这种辅助行为也可以被理解为一种协助动作。从关系层面来看,病历档案协助管理主要体现了两种主体间的互动模式:横向或斜向合作关系。这两种关系模式都强调了不同部门间在病历档案管理工作中的相互支持和协作。

2. 病历档案协助管理的特点

(1) 职务协助性

病历档案协助管理是医疗机构内部各部门间的一种关键合作机制,旨在优化病历档案的管理质量。这种协助被视为一种正式的职务行为,当医疗机构在病历的生成、收集、整理和归档等阶段面临困难时,相关辅助部门能够发挥其职能作用,有效地解决这些问题。这种协助不仅彰显了各部门间的协同精神,也是保障病历管理流程顺畅运行的重要因素。需要明确的是,我们所说的协助是基于工作职责和机构规定的正式行为,而非依靠个人关系来解决病历管理流程中的问题。

真正的协助应该建立在职务要求和机构制度的基础之上，而非依赖于私人关系或情感因素。

（2）目的同一性

在病历档案的协助管理过程中，无论是病历档案管理部门通过医务部来推动临床业务部门与病历档案的全面管理相配合，还是管理部门直接回应临床业务部门的请求，协助其执行病历的全程管理，这些行为虽然来自不同的主体，但都是为了一个共同的目的：提高病历档案的实质质量。

（3）辅助管理性

在病历档案协助管理的流程中，请求方（例如病历档案管理部门）向被请求方（如医务部门或临床业务部门）提出协助请求后，被请求方会采取具体的行政措施或实际行动来给予帮助和增援。这种协助有助于促进病历的生成、收集、整理和归档等各项工作的顺畅开展，从而提高病历档案的实质质量。

（4）动态过程性

在病历档案协助管理中，多个部门之间的协同工作是必不可少的。在这一协作过程中，一个部门会明确提出需要协助的具体事项，而被请求的部门则会遵循PDCA（计划—执行—检查—处理）的循环模式，通过规划、操作、检查和落实等步骤来提供必要的支持，从而帮助请求部门达成其目标。这一系列连贯的行为构成了一个过程性的协作组合。需要强调的是，这种过程性的辅助和协同行为通常是对特定情境的即时反应，即是一种应激性的协作行为。

（5）应激被动性

病历档案协助管理的核心在于其响应性，即我们通常所理解的被动性。这种被动性表现在，仅当相关部门明确提出协助需求时，协助管理行为才会启动。医疗机构的内部组织结构是相对固定的，各部门职责明确、权限清晰，它们既独立工作，又相互协调。为确保各部门不相互干扰，每个部门都必须在自身的职能和权限范围内执行任务。

病历档案协作管理与医疗机构内其他部门的合作方式具有独特性。在医疗机构内部，各部门所承担的责任和管理领域均有清晰界定，并在医疗机构的职责手册中进行了详细记录。以南京医科大学附属逸夫医院为例，其医务处扮演关键角色，全面规划、引导、调和并具体实施整个医院的临床医疗活动，同时肩负对各临床和医疗技术部门的监督职责。根据医疗机构内部的责任归属,医务部被赋予了在临床医疗和质量监管领域中的行政职权,从而能够为病历档案管理部门提供坚实的支持。作为医务部的一项行政管理任务,医务部与病历档案管理部门协作是一项清晰界定、具有法律约束力的单向性责任,且不得随意转嫁或忽视。

3.病历档案协助管理的必要性

医疗机构的组织架构往往采用层级制度,其显著特征是:明确的等级划分和部门化运营。以二级及以上级别的综合型医院为例,它们通常在医疗副院长的指引下设立医务部,而医务部之下再细分为多个临床专科。这种分层的管理结构和部门布局使得医院能够高效地将所有诊疗工作分配给不同的临床专科。每个专科都独立运作,业务之间互不干涉,各自在规定的责任范围内提供医疗服务。在医院内部,所有临床专业科室均服从医务部的统一指挥和督查,并共同向医疗副院长汇报工作。不过,这种层级结构在职能分配上存在瑕疵,一旦分工明确,便难以根据患者的实际病情作出灵活调整。为了解决科层制与行政一体化之间的矛盾,医疗机构需要在保持各部门职责和权限分立、独立的同时,通过协助机制促进内部各部门之间的支持与配合。这种协助不仅有助于化解科层制带来的僵化问题,还能发挥医疗机构的整体性和统一性优势,确保各部门能够协同工作,共同为患者提供高质量的医疗服务。

高效运作是病历档案全过程管理的核心要求,而病历档案的协助管理正是实现这一目标的关键所在。协助管理不仅能够优化病历档案的管理流程,还能显著提高病历在生成、收集、整理和归档等各环节的质量。在医疗资源配置有限的背景下,病历档案全程管理协助显得尤为重要。它作为一种有效的手段,能够解决专业化病历档案管理与临床业务科室日益复杂的需求之间的矛盾,进而整合有限的医疗资源,为医院管理层面提高病历档案管理质量提供有力支持。此外,病历档案的协助管理还对医疗机构的权益保护起到了积极的促进作用。

随着医疗行业的不断进步和患者对健康需求的日益增长,医疗机构内部各部门间的协作变得日益紧密和广泛。特别是在病历档案管理领域,由于病历信息需求的多样性和复杂性不断增加,病历档案管理部门与临床科室及医务部门之间的协作活动也愈发频繁,这种协作对于医疗机构的整体效益至关重要。如果病历档案管理部门在协作过程中因某个科室的问题而影响了病历的全程管理效果,那么将可能对医疗机构的整体运营产生不利影响。因此，通过病历档案协助管理，请求部门与被请求部门之间的相互支持变得尤为重要。这种协助机制的常态化、制度化和规范化，有助于医疗业务部门与病历档案管理部门在提升病历内涵质量的过程中形成紧密合作的有机整体。这样做不仅能够避免部门间相互推诿、扯皮的现象，还能最大限度地维护医疗机构的权益。

在有限的医疗资源配置背景下，建立病历档案协助管理机制是医疗机构的一项重要举措。病历档案管理部门在开展这项工作时，会遵循一定的原则，如合理性和效能性等。这些原则为病历档案全程管理提供了重要的指导，确保医疗机构在有限的资源下实现高效、优质的病历档案管理。

三、医院病历档案全程管理模式的意义

《全国医院工作条例》和《全国省地市综合性医院病案管理工作基本要求》已明确规定，"高质量撰写病历档案"是病历档案管理中的重要一环，这象征着病案档案管理步入了全程管理的全新阶段。学术界的一些专家提出，制定直接针对病历的法律可以从更高的法律层面来调解病历档案管理中出现的各类矛盾，为病历档案管理提供明确的法律指引。在这样的法律氛围下，医疗机构的医务人员将有更大的动力去深入学习和理解相关法律法规，并主动按照法律要求来规范自己的医疗行为，进而保障病历档案的完整性、系统性和真实性。显然，那时的学者们已经从病历档案全程管理的视角出发，力主借助法律的力量来提升病历档案的管理水平。同时，他们开始将关注的焦点转向实际负责生成病历档案的医务人员，这为病历档案的全程管理提供了坚实的理论支撑。

（一）提升了病历档案内涵

病历书写质量是反映临床医师专业技能、个人素养及职业操守的一面镜子。因此，医务人员在撰写病历时必须秉持负责任和求实的原则。医疗卫生行政管理部门也对病历档案的内容质量给予了高度重视。为了从源头上保障病历档案的质量，医疗行政管理、医疗服务监管等行政部门已经颁布了一系列法律法规、核心政策、规范和标准。这些举措的目的在于规范病历的撰写流程，确保病历精确无误和全面完整。显然，无论是从微观的病历档案管理实践者角度，还是从宏观的

国家卫生行政管理部门视角,都在积极运用全程管理理论来引导病历档案的管理。这种管理方式从病历产生的起始阶段就介入其中,从而保障了整个流程的连贯性和一致性,从而有效提升病历档案的整体质量。

(二)替代了病历档案实体管理

在病历档案的全程管理中,研究者已经注意到了传统实体管理模式的不足之处,并提出了改进的策略:将病历档案管理的时间线提前,涵盖病历表格设计、书写准则制定以及病历载体材料的选择等环节。具体来说,他们建议针对不同类型的医疗业务,制定统一的病历表格标准,如病程记录、手术记录、医嘱单、护理记录和出院小结等,并根据普遍性和特殊性的原则来选定合适的制作材料和格式。这些学者的研究结论表明,为了保证病历档案的内容质量,应采纳前端控制的理念。这意味着病历档案管理部门应在病历表格设计的初期阶段就介入,并主导各类病历档案所使用表单,同时邀请临床科室共同参与。尽管这些学者从全程管理的视角对病历档案的管理进行了初步探讨,但他们的研究尚未形成完整的体系。实际上,在医疗机构中,病历档案管理部门在负责病历档案实体的管理过程中,经常会发现归档的病历档案存在诸多质量问题。这些问题主要源于两个方面:一是医务人员在书写病历时未能遵循医疗业务规范;二是医务人员对病历书写的基本要求了解不全面。为了解决这些问题,病历档案管理员可以在诊疗、检验、检查和护理等各个环节中,即病历产生和流转的整个过程中,实施有效的控制。这样可以显著提升最终归档的病历档案的实体和内容质量。随着医疗质量管理和病历档案管理的实际需求不断增加,且全程管理理论在医疗卫生领域的应用逐渐深入,病历档案全程管理也逐渐成为替代传统实体管理的一种有效工作模式。

(三)使病历档案管理由被动管理开始向主动控制转化

病历档案全程管理模式是一种基于全程管理理论的管理方法。这种方法强调病历档案管理应从病历的运行阶段开始介入,一直持续到病历的归档管理阶段。在这种模式下,管理重点不仅包括病人在医院期间的所有诊断治疗、检验检查和护理服务等病历产生环节,还涵盖病历归档后的全部业务流程。为了确保病历档案的质量得到有效提升,病历档案管理部门需要在实体管理模式的基础之上,进一步扩展其管理范围。这意味着在病历档案归档之前,管理部门应积极参与整个诊断治疗、检验检查和护理服务过程,通过规划、指导、监督和协助等手段来提高病历的内涵质量。这样的管理方式能够确保病历档案在形成过程中就实现严格的质量控制,从而为其后续的管理和利用奠定坚实的基础。

四、医院病历档案全程管理模式的不足

在病历档案的全程管理模式中,尽管医院已经通过增强对病历生成和流转阶段的监控,在一定程度上弥补了传统实体管理模式下对内涵质量控制的不足,但随着医疗业务量的不断攀升,病历档案管理部门仍然面对着巨大的压力。显然,继续依赖人工进行全程管理已经无法满足现实的需求。同时,随着对病历档案信息需求的日益增加,病历档案管理部门也在积极探寻高效的解决策略。信息技术的持续渗透为医疗卫生领域注入了新的活力。在病历档案全程管理模式下,病历档案管理部门已经开始尝试利用计算机来替代传统的手工管理方式。然而,这种主要以模拟手工作业流程为形式的管理方式仍然存在着明显的局限性,它既是初级的,也是碎片化的,难以满足日趋复杂的管理需求。随着医疗单位信息化建设的迅猛进展,采用计算机进行病历档案管理已逐渐成为不可阻挡的潮流。然而,在当前的病历档案全生命周期管理体系中,计算机管理系统并未从根本上重塑病历档案的管理流程,而只是简单地替代了部分管理环节。更为严重的问题是,这些病历档案管理系统未能与其他医疗信息系统形成有效的配合与互通,导致病历档案信息无法实现即时共享,进而造成了普遍的信息隔断现象。这种情况严重妨碍了医疗机构内部各业务系统间的病历信息交流与共享,对医疗服务的效率和质量造成了不良影响。

第三节 医院病历档案数据管理

病历档案的信息化管理带来了海量的病历数据,这标志着病历档案管理从简单的信息处理迈向了复杂的数据管理阶段。随着这些数据量的急剧增加,病历档案管理的外部环境也发生了显著的变化,包括云计算、大数据管理、移动通信技术、人工智能等现代信息技术广泛应用和融入医疗卫生领域之中。尽管学术界对

于"大数据"的定义尚未达成共识，但我们可以从其核心特征出发来理解它：规模性、多样性和高速性。基于这些特征，我们可以清晰地认识到病历档案数据完全属于大数据的范畴。展望未来，病历档案管理将在大数据管理理论和全程管理理论的指导下，运用相关方法来生成和挖掘病历档案数据。通过这种方式，病历档案数据在健康管理中的价值将得到充分实现，可以为医疗决策、疾病预防和个性化治疗等提供有力支持。

一、医院病历档案的数据生产

病历档案数据的管理是一个逐步演进的过程，而非一蹴而就。在当前的电子病历系统主导下，病历档案管理模式已经初步进入了数据运营系统的阶段。在这一阶段中，病历档案的数据量经历了显著的增长，实现了管理上的第一次大飞跃。具体来说，数据的管理经历了被动、主动和自动这三个阶段。从病历档案管理的视角来看，其管理对象也从最初被动地接受病历档案实体，逐渐发展到主动地全程管理并提供病历档案信息，现在其正在向自动地收集、整理和分析数据转变。在这个过程中，电子病历系统作为病历档案信息管理的主要内容，数据库技术发挥了重要的作用。

然而，在大数据的背景下，病历档案的数据来源、处理方式和思维理念等都将发生深刻的变化。病历档案包含了丰富的数据类型，如文本型数据、图像型数据、数值型数据等。在处理这些数据时，我们需要根据不同的数据项来确定合适的数据类型。在已有的研究成果中，我们可以借鉴图书、网络以及企业信息资源在知识组织方面的研究来优化病历档案数据的管理。

（一）主题标识

利用词频分析法，我们可以自动提取病程记录、手术记录、检验检查报告或医嘱内容中的关键信息，即识别并标注出这些病历档案信息所涵盖的核心主题词或关键词。在数字图书馆的研究领域中，通过构建跨学科的综合数据集，并经过一系列关联处理，我们能够深入挖掘潜在的研究主题及其组成要素，进而揭示不同学科之间的研究焦点。类似地，在病历档案的知识发现过程中，我们可以对病历数据库中具有相同主题或关键词的病历记录进行预处理，包括数据集的整合、主题模型的训练以及主题标签的标注等步骤。通过这样的关联处理，我们能够揭示不同病历档案之间的内在联系，进而发掘病历数据之间的深层关联。

（二）分类与聚类

在现有的研究成果中，关于结构化、半结构化文本数据的分类与聚类方法已经相当丰富，这为病历档案文本的分类与聚类提供了有益的借鉴。病历档案文本的分类与聚类主要是针对具体的病程记录、手术记录、检验检查报告或医嘱内容进行分析，而非仅仅针对单份电子病历。需要特别指出的是，由于一个病人的病情可能涉及多个疾病主题或关键词，尤其是病情复杂的病人，他们的病程记录可能会被划分到两个或更多的分类中。例如，一个同时患有心脏病和糖尿病的病人，其病程记录可能同时涉及心血管和内分泌两个分类。通过病历档案文本数据的分类与聚类处理，我们可以将具有相似特征或主题的病历档案聚集在一起。这样做不仅有助于更好地理解和分析病历档案数据，还能揭示不同病历档案之间的内在联系和规律，从而为医疗决策、疾病研究等领域提供更有价值的信息支持。

（三）摘要

数据管理领域的摘要技术已成为众多研究者的研究焦点。通过利用计算机技术，我们有能力从庞大的病历档案数据库中提取出电子病历的核心要点，进而生成简洁的摘要。这一过程的重点在于捕捉病历档案中的关键信息，例如入院诊断、手术名称、出院医嘱等，这些信息构成了病历摘要的主要部分。生成摘要的方法主要有两种。第一种是基于词频或词组频率统计的自动摘录方法，该方法通过计算句子中高频关键词的出现频率，选择频率较高的句子作为摘要的备选句。第二种是基于理解的自动摘要方法，它借助自然语言理解的最新进展，结合语法、语义和语用分析等多种手段，深入解析文本内容并生成更为精确的摘要。病历档案摘要作为病历档案知识发现的一项重要技术，能够以简明扼要的方式展现病历档案的主要内容，为医务人员提供一种快速筛选大量病历档案的有效手段，从而大幅减少医务人员阅读时间，提高工作效率。

（四）构建本体知识库

在20世纪90年代的知识管理进程中，我们为了更有效地解决信息、知识的提取、表述和组织等方面所遇到的问题，本体概念被引入知识管理领域，并因此推动了本体构建方法的研究。按照时间发展的脉络，一系列本体构建方法应运而生。这些方法包括：IDEF5 法，这是一种针对大型信息系统的建模方法；骨架法，它为构建本体提供了基本的框架；TOVE 法，这种方法专门用于构建 TOVE 本体，即针对企业建模过程的本体；METHONTOLOGY 法，它专注于构建化学领域的本体；KACTUS 工程法，这是基于 KACTUS 项目发展而来的方法，KACTUS 项目是关于多用途复杂技术系统的知识建模工程；SENSUS 法，这是由美国南加利福尼亚大学和美国信息科学研究所联合开发的方法，用于构建自然语言处理的 SENSUS 语言本体，为机器翻译提供概念结构；七步法，它提供了一种分步骤构建本体的方法；循环获取法，这种方法强调在构建本体过程中的循环迭代；五步循环法，它也是一种分步骤的方法，但更注重循环和反馈。这些方法共同构成了本体构建领域的主要方法体系。

在企业领域的知识本体构建中，IDEF5 法、骨架法和 TOVE 法是最常用的方法。IDEF5 法运用图表和详细说明来捕捉企业领域的本体，它利用这些工具精确地描述和获取企业知识本体中的概念、属性以及概念间的联系，并将其形式化，从而搭建起知识本体的核心架构。骨架法则遵循一套清晰的流程和指南来构建本体，确保每一步都有明确的目标和输出。TOVE 法则侧重于通过逻辑模型来构建涵盖广泛商业和企业应用场景的知识本体。除了这些方法，还有 METHONTOLOGY 法、KACTUS 法、SENSUS 法、七步法、循环获取法和五步循环法等，它们都是用于构建特定领域知识本体的有效方法。其中，METHONTOLOGY 法专门为构建化学本体而设计。KACTUS 法则通过抽象方法来构建知识本体，它特别适用于语义网环境，能够对现有本体进行提炼和扩展，并促进知识本体的重复使用。SENSUS 法则采用自顶向下的构建策略，这种方法可以从一个通用的原始本体库中派生出多个特定领域的本体库，从而便于知识的共享和重用。七步法是基于斯坦福大学开发的 Protégé 知识本体构建工具而设计的。Protégé 是一款用 Java 语言开发的、用于本体编辑和知识获取的软件工具，它在知识管理领域得到了广泛应用。循环获取法和五步循环法则强调通过循环迭代的方式从文本中提取知识本体，并支持知识本体的不断演化和重复使用。这些方法各有其适用的场景和领域。对于电子病历档案这种结构化数据，由于其包含多个以自由文本形式出现的字段，因此可以采用自动化或半自动化的方法来构建电子病历档案知识本体，这样可以更高效地处理大量数据，并从中提取出有价值的知识和信息。

斯坦福大学研制的 Protégé 工具在构建电子病历档案知识本体库中发挥了核心作用。这款工具在构建电子病历档案知识本体中通常包含以下七个主要步骤。

（1）了解专业领域和范围

电子病历档案本体的专业性和应用范畴是特指在特定电子病历档案环境下塑造的。因此，在构建电子病历档案本体库时，所采纳的推理规则与这一特定情境紧密相关。电子病历档案本体的建设是一个逐步推进的过程，从具体的细节开始，逐步构建成体系，再不断延伸至更广泛的范畴。目前，电子病历档案本体的构建工作主要围绕电子病历档案的首页资料、入院记录、诊疗过程、检验检测结果以及出院总结等核心组成部分展开，并以这些组成部分为基础来进行模型的搭建。

（2）重复利用现有本体的可行性

作为医学本体和医学信息学本体的关键构成部分，电子病历档案本体拥有利用其他本体建模成果的优势。这种复用性不仅极大减轻了电子病历档案本体建模的工作量，更重要的是，它确保了所建立的各类电子病历档案本体中包含的医学观念能够整合进一个规范化、一致化的医学语言框架内。

（3）列举出本体中的关键术语

电子病历档案本体收纳了一系列该领域的专业用语和技术词汇。这些词汇包含但不限于病历档案概览、患者入院信息、治疗历程记录、实验室及医学影像学检查报告以及出院总结等医疗文件中的现病史、手术历史、过敏史、体格检查、特定检查、医疗计划、初步医疗判断、最终医疗判断等核心数据点，此外还涉及 ICD 编码、病情发作详情、伴随病症、治疗流程细节、手术操作类别、麻醉过程说明、医护照料记录等关键信息。

（4）界定类别与类别的层级结构

在构建电子病历档案的分类与层次结构时，我们可以采取多种不同的定义方法。通常的做法是将电子病历的主要内容分为病历概览、门诊（包括急诊）诊疗记录和住院诊疗记录等几个主要类别。这些核心类别之下又被细化为多个层级的数据元素。拿病历概览来说，它涵盖了文档识别码、患者识别信息、基础人口学数据、紧急联系人资料、具体居住地址、通信手段、医疗保险细节以及关键事件摘要等要点。特别是在患者识别信息这个类别中，还额外区分了生物学特征标识和个人风险评估等级两个小类。

（5）界定类别的特性

在电子病历档案中，为类别定义属性通常涉及四种主要的关系类型。首先是层级与包容关系，它展现了电子病历档案中各本体间的逻辑架构和包容性联系。以住院诊疗记录为例，它作为一个广泛的类别，在逻辑层面上包含了更为详尽的子类别，如住院病历档案总览、入院登记数据、治疗过程记录、住院医嘱明细、护理记录以及出院小结等。其次是抽象概念与具体实例的关联，这种关系描绘了电子病历档案中处于不同逻辑层面的本体间，抽象概念与其具体呈现方式之间的联系。例如，治疗记录文档中提到的患者检查检验结果，与具体真实的检查检验结果之间，便展现了这种实例化连接。第三是实体之间的相互关联，它侧重于在电子病历档案中，位于同一逻辑层级或不同逻辑层级的本体间的相互联系。例如，拥有不同病历档案编号的电子病历之间，可能存在某种相互的关联或比较。最后要提及的是顶层类别与底层类别的关系，这种关系揭示了电子病历档案中不同抽象层级概念间的垂直联系。以入院登记信息为例，它作为一个顶层类别概念，包含了更为详尽的底层类别信息，诸如患者的基础资料、入院（出院）的具体细节以及费用明细等。

（6）确定属性的多维特征

每个属性由赋值类型、属性值和赋值基数三个分面。赋值类型是指字符型、数值型、布尔型、枚举型、实例型等；属性值是指布尔型属性的真或假；赋值基数是指该赋值属性可以赋几个值。

（7）生成实例

经过前六个流程，我们大体上可以完成电子病历档案的本体构建工作。在本体的基础结构中，包含了出院小结、病历摘要、病历资料、相关检验检查记录、医疗机构信息、医学证明等核心本体。以病历概览为例，它在下一层级结构中详细划分为患者基础数据、家属信息、通信地址、医保及医疗费用明细等本体。遵循这一设计思路，电子病历的本体结构成功地将病历概览、诊疗经过、治疗操作细节、护理记录、知情同意书、以及检验检查结果等关键要素整合进整体架构之中，从而形成了一个既系统化又分层次的电子病历档案本体模型。

第三章 医院病历档案管理

出院记录本体涵盖了入院前情况、入院治疗过程和出院结论三个主要类别。具体来说，入院前情况本体涉及了主要病因、症状表现、持续时间、诱发因素、血压状况、体格检查、治疗措施及效果等方面；入院治疗本体则包括了初步诊断、血压变化、B超检查结果、体格检查、治疗手段及效果等关键信息；出院结论则主要记录了出院时的诊断结果、血压状况、体格检查等重要数据。根据电子病历档案的内容，我们可以推导出高血压疾病的一个简化语义关系：患者由于某种诱因出现症状，并持续了一段时间，随后通过仪器检查和体格检查，医生给出了初步诊断。

电子病历档案本体库的建设是一个逐步且全面的过程，它不仅关注显性知识的梳理和保存，还致力于将隐性知识显性化。这个过程的目标是整合电子病历档案中的各种知识，建立一个充满语义联系的电子病历档案知识库，从而为医疗领域的知识共享打下坚实的资源基础。本体库建设被视为一种有效的知识管理方式，其核心目标是对诊断、检验、护理等医疗服务过程中产生的电子病历档案知识进行科学化的组织和发掘，最终实现知识的广泛共享。为了实现这一目标，建设过程应围绕本体库展开，确保电子病历档案知识在语义上具有高度相关性。基于语义相关的原则，电子病历档案知识本体库能够将医疗领域内的各种本体进行有效关联和映射，从而构建出能够精确反映诊断、检验、护理等服务知识结构的本体模型。这个模型不仅能够有效地描述和组织电子病历档案中的各种知识源，还能够通过建立多层次的知识本体概念模型，利用先进的本体推理技术，将用户需求与电子病历档案知识进行精确匹配，从而实现知识资源的高效共享。

病历档案数据管理的核心目标是提取和利用病历档案中蕴含的丰富知识。通过精细化的数据管理，我们可以获取一种基于语义关联的病历档案知识。借助电子病历档案知识本体库，我们能够深入挖掘电子病历档案知识的潜在价值，这包括将新的诊断治疗、检验检查和护理服务等概念、实例和概念维护到现有本体中，以及根据病历档案知识间的关联关系实现语义概念的智能检索，这些功能为发现和应用电子病历档案知识提供了坚实的基础。值得注意的是，病历档案本体的展现需要依赖病历档案元数据。

二、医院病历档案的数据挖掘

病历档案数据挖掘是运用病历档案数据的重要方式。该过程需要对庞大的病历档案数据进行维度建模，并采用元数据的抽取、转换及加载等数据处理技术，将这些数据集成至病历档案数据仓库内。随后，借助查询分析、OLAP（联机分析处理）等多维分析工具的力量，我们深入挖掘病历档案数据中潜藏的珍贵信息。对于医疗机构的高层管理者来说，病历档案数据挖掘的价值不可估量。通过对病历数据的细致研究和应用，医疗机构的管理人员能够全面把握机构的运营状态，了解住院患者的地域分布、各临床部门及医师的执业情况、财务收支状况以及医院的总体经济表现等核心信息。这些数据不仅有助于揭示医疗机构内部的运营机理，还能为管理层决策提供迅速、精确和便捷的数据支撑，从而推动医疗机构不断改善和提升。

（一）病历档案数据挖掘工具

病历档案数据挖掘是一种结合了数据仓库设计、数据 ETL（Extract-Transform-Load）处理、数据模型构建、数据挖掘算法应用以及数据挖掘模型构建等多项技术的过程。这一过程旨在从病历档案中提取有价值的信息和知识。为了实现这一目标，我们通常会使用诸如 Enterprise Miner、Intelligent Miner、Set Miner、Clementine 以及 SQL Server 2008 等先进的数据挖掘工具和系统。病历档案数据仓库在这一过程中扮演着至关重要的角色。它是一个包含了数据抽取工具、数据库、元数据管理、数据集市、数据仓库管理系统、信息发布系统和访问工具等多个组件的综合系统。这个仓库面向特定主题、高度集成、相对稳定且能够反映历史数据变化，从而为各类决策支持工具提供坚实的数据基础。在病历档案数据挖掘的任务中，我们通常会进行关联分析、时序分析、分类、聚类以及预测等操作。

病历档案多媒体数据挖掘是针对病历档案中包含的图表、图形、数字、影像等多媒体内容的专业分析技术。通过图像挖掘、音频挖掘和视频挖掘等多种方法，该技术能够深入揭示病历档案数据间的内在联系，并产生有实用价值的病历档案知识。以图像挖掘为例，该过程涉及对病历档案中的图形、图像数据进行深入分析和处理，旨在探索数据之间的潜在关联。这包括使用计算机对转换后的数字矩阵进行模式识别，将其转化为可视化图像或声音，对图像的各种属性和特征进行详细的分析、处理和标记，并基于图像的描述性文字内容和特征实现精确匹配检索。在音频挖掘方面，该技术专注于分析和处理病历档案中的听觉媒体内容，以发现隐藏的知识。例如，在呼吸内科的病历档案数据库中，音频挖掘可以通过分析咳嗽的间隔和停顿、语音的语调和语气、打鼾的音高、音调和频率等病历数据，提取听觉媒体的特征、关键词和记录时间等信息。然后，这些数据可以被索引和分析，以揭示呼吸内科病历档案中的隐性知识。视频挖掘则侧重于处理和分析病历档案中的视频信息，以获取病历档案知识。例如，医务人员可以利用视频挖掘技术对胎儿宫内的动态四维彩超视频进行分析，以评估胎儿的发育情况。

在病历档案知识发现的过程中，各类数据挖掘工具的运用并不是相互独立的，而是可以综合运用的。以郑州大学第二附属医院进行的一项研究为例，该研究综合运用了病历档案数据库的分类、聚类、关联分析以及多媒体数据中的图像挖掘等多种方法。通过对疾病分类与检验检查内容进行关联分析，研究人员发现，对于无心衰的心肌梗死病人，特别是那些左心室射血分数正常且无明显舒张性心力衰竭症状的急性 ST 段抬高型心肌梗死（STEMI）病人，血浆氨基末端 B 型利钠肽前体（NT-BNP）浓度在一定程度上能够反映出病人冠脉狭窄的严重程度。这一发现对于预见三支血管病变及前降支病变具有一定的指导意义。因此，研究得出结论，通过监测 STEMI 病人的 NT-BNP 浓度，可以为临床诊疗提供有益的参考信息。

(二) 病历档案数据挖掘过程

中医病历档案的数据挖掘是一个包含多个关键步骤的过程，主要包括工具选择、数据采集、数据预处理、数据挖掘以及结果翻译这五个环节。在采用 ASP.NET 技术进行档案数据挖掘系统的设计时，需求分析、总体设计和详细设计等阶段被视为系统建设的核心步骤。基于密度聚类的数据清洗框架被用于处理无标签的多维数据。其中，DBSACN（一种基于密度的聚类算法）和 LOF（局部异常因子）算法，以及与传统算法的比较，被用来评估数据清洗方法的性能。通过数据仓库的建立、联机分析技术的应用以及数据挖掘方法的实施，医疗信息得以深入挖掘。这一过程涵盖了数据抽取、清洗、存储和挖掘等多个环节，以实现医院智能数据分析的目标。综合数据挖掘的研究成果，我们可以发现，病历档案数据挖掘的过程实际上涵盖了六个主要方面：需求分析、确定主题、数据清洗、理解数据、联机分析和得出结果。

1. 需求分析

需求分析在病历档案数据挖掘中占据着至关重要的地位。它的核心在于深入洞察各类病历档案知识的需求主体——医疗人员、研究人员、教育者或管理者的实际需求，从而精准地确定病历档案知识的主题。这一步骤还需要紧密结合病历档案数据库中的实际数据特性，来构建病历档案数据仓库的维度表，进而采用合适的数据仓库模型来建立病历档案数据仓库。由于病历档案数据库是在满足医疗、教学、科研和病历档案管理等多重工作需求的过程中逐渐形成的，其数据格式和内容范围都相对稳定且成熟。然而，不同的利用主体对病历档案知识的需求却存在显著差异。例如，病历档案管理者可能更关注于整体资源的管理和优化，而利用者则可能更注重特定信息的检索和利用。因此，在构建病历档案数据仓库时，我们需要针对不同的用户群体设计不同的维度表。病历档案管理员可以利用这些数据仓库进行需求效果分析，以及深入了解不同利用主体的关注点。有些人可能关心的是能否在数据仓库中快速准确地检索到所需的病历档案，而有些人则可能更在意能否方便地获取原文，以及病历档案的精度级别是否能与其利用需求精确匹配。这些多样化的需求都需要我们在需求分析阶段进行充分考虑和满足。

2. 确定主题

在充分理解病历档案数据仓库用户多元化需求的基础上，接下来的关键步骤是确定病历档案数据仓库的核心主题。这些主题涵盖多个方面，例如对病历档案中医学主题词的归档分析、科研需求主题的深入探讨、疾病诊断的分组研究、临床路径的细致考察，以及医学转化成效的评估等。这些主题的选择对数据仓库的整体架构设计和后续的数据深度挖掘具有决定性影响。以科研需求主题为例，我们可以通过分析在特定时间段内，如各个季度或年度，不同临床科室所归档的病历档案数量，来全面了解病历档案的生成趋势。同时，我们还需要对以科研为导向的病历档案使用情况进行更深入的剖析，涉及使用人员、使用目的、使用时间节点以及使用成效等多个层面。特别重要的是，要评估通过病历档案数据挖掘所得的结果是否能够有效满足科研需求，这是衡量病历档案数据仓库实用性和价值的关键指标。在明确了病历档案数据仓库的主题之后，我们可以进一步确定构建数据仓库的多个维度。这些维度可以从多个角度来描述和分类病历档案，比如按归档科室（如内科、外科及其细分科室、妇科、儿科等），按生成时间（可以按年度、季度、月份或具体日期来划分），以及档案材料类型（如入院记录、手术过程记录、病程记录、各类检验检查记录等）来划分。根据实际需要和应用场景，病历档案数据仓库还可以进一步细化这些维度，以提供更加精准和个性化的服务，满足不同用户的实际需求。

3. 数据清洗

数据清洗是对病历档案数据进行净化处理的关键步骤。它借助数据仓库技术（ETL）来实现对病历档案原始数据的抽取（extract）、转换（transform）和加载（load）三个核心操作，进而将这些数据高效存储到病历档案数据仓库中。在这个过程中，ETL 技术发挥着至关重要的作用，它不仅是构建病历档案数据仓库的基石，更是完成病历档案数据预处理和清理任务的关键环节。

4. 理解数据

理解数据，尤其是病历档案数据，这是医疗机构实现高效运营和优质服务的关键。以三级医院为例，其住院人数每年以约 20% 的速度增长，这意味着每五年病历档案数据量就会翻倍。这些海量的病历档案数据中蕴含着丰富的医疗、教学、科研和医保信息，具有极高的价值。然而，遗憾的是，医疗机构通常仅利用了这些数据的 2%～4%，大量宝贵的信息资源被闲置，导致了人力、物力和财力上的巨大浪费。为了改变这一现状，医疗机构需要借助 ETL 技术，将病历档案数据转化为对内部诊断治疗、检验检查、护理服务以及对外部服务有帮助的信息。例如，这可以为国家卫生行政管理部门提供有价值的病历档案信息和知识，以支持其决策制定和管理工作。同时，通过对病历档案数据仓库的维度进行深入分析，医疗机构可以选择合适的数据仓库模型，构建由事实表和维度表组成的病历档案数据仓库。

5. 联机分析

联机分析，特指对病历档案数据仓库的在线分析，是充分挖掘病历档案数据价值的关键环节。在已经构建了高质量的病历档案数据库的基础上，为了更有效地利用这些数据，我们需要深入理解病历档案数据仓库中不同数据之间的内在联系，这就需要借助 OLAP（Online Analytical Processing，即在线分析处理）工具的力量，该工具能够允许我们从多个角度、多个视图对病历档案数据仓库进行查询和分析。

6. 得出结果

得出结果是病历档案数据分析处理的最终阶段。在此阶段，我们基于先前对病历档案数据仓库的查询，结合不同用户的具体需求，利用专业的分析工具和数据挖掘算法，对病历档案数据进行深入的分析和处理。

第四节 医院病历档案信息管理

一、医院病历档案信息管理模式的定义

医院病历档案信息管理模式是对病历档案信息管理各阶段所实施的一系列规范化措施的概述。该模式的核心在于运用现代信息技术，如电子病历系统，来构建一个中心数据库。通过这个系统，医院能够高效地完成电子病历档案信息的采集、组织、存储、传递和利用，从而形成一种现代化、高效率的病历档案管理模式。

二、医院病历档案信息管理模式——电子病历系统

（一）电子病历系统数据库的类型

在21世纪初，我国的一些医疗机构已经着手开发基于数据库的电子病历系统。然而，当时的系统主要侧重于目录管理，数据存储相对简单。关系型数据库以其严谨的数据管理原则、高度的抽象性和清晰易懂的特性，为电子病历系统的开发提供了便利，使得系统更易于被理解和操作。但随着互联网技术的飞速发展，特别是web2.0时代的来临，电子病历系统需要应对的数据类型变得更为复杂和多样。这包括异构数据、大规模数据以及高并发的社交网络服务（SNS）动态数据。在这种情况下，关系型数据库显得力不从心，无法满足所有使用者数据处理的需求。因此，非关系型数据库开始崭露头角。这类数据库包括键值存储数据库（key-value）、列存储（Column-oriented）数据库、面向文档（Document-Oriented）数据库和图形数据库（Graph-Oriented）等多种类型。它们能够有效地处理电子病历系统中的各种数据，从而构建一个更为系统、全面的病人病历档案数据库。电子病历系统使用的数据库类型包括以下几个。

1. 键值存储数据库

键值存储数据库，其构造类似于哈希表，为电子病历系统带来了高效且实用的数据管理策略。在该类型的数据库中，电子病历的保存是按照一种明确的逻辑结构来组织的，其中键、指针与数据三者紧密相连。当使用病人的身份证号码作为这种逻辑结构中的"键"时，系统能够迅速找到这个"键"在数据库表中所对应的位置，进而直接访问与该病人相关的电子病历内容。这种以关键码为基础的定位检索机制，不仅大大提高了电子病历的查找速度，也优化了其使用效率。除此之外，电子病历系统若采用键值存储数据库作为其数据模型，不仅能使系统结构变得简单清晰、易于安装与配置，还能有效应对大量并发数据业务处理的挑战，确保系统的稳定与高效运行。

2. 列存储数据库

列存储数据库是以列族为存储单位，这种结构使得相关数据能够被集中存储在同一列族中，从而优化查询效率。例如，在检索病人就诊信息时，为了快速了解病人的基本情况，系统可以将病人的住院号和首要疾病诊断名称这两类紧密相关的信息存储在同一个列族中。而对于病人的历次治疗费用这类相对独立的数据，则可以将其存储在另一个列族中。这种列存储数据库的设计使得电子病历系统能够轻松应对分布式环境下海量病人电子病历数据的存储和查询需求。

3. 面向文档数据库

文档型数据库与键值数据库在某些方面相似，但其数据存储方式采用了文档格式，这种面向文档的数据库为电子病历系统提供了一种极其方便的方法来存储各种医疗文档，如病程记录、上级医师查房记录、交接班记录等。这些医疗文档被转化为数据项，进而构建成结构化的数据集。每个数据项都与特定的医疗术语相互对应，从而大大提高了数据查询和提取的精确性和效率。值得一提的是，在电子病历系统中，面向文档数据库的最小存储单元是单一医疗文书。这意味着，不论医疗文书的种类如何，都可以被统一整合在同一个文档数据库中。这种方式实现了医疗数据的集中化管理和多样化应用，使电子病历系统更富于灵活性和便捷性。

4. 图形数据库

图形数据库是一种特殊的数据库，它以图形作为数据的存储形式。在电子病历系统中，这种数据库被用来存储病人的基本信息、诊断治疗记录、检验检查结果、护理服务等各类医疗文书。这些数据不是以传统的表格或文本形式存储，而是以图形的方式呈现。具体来说，病人被视为一个顶点，而与该病人相关的各类医疗文书则作为与之相连的边。例如，病人的诊断治疗记录、检验检查结果和护理服务等都可以被表示为从病人顶点延伸出去的边。这些边通过特定的关系（如"Founded by"）与病人顶点相连，形成了一个复杂的多边实体关系图。通过利用图形数据库，电子病历系统能够将病人所有的电子病历档案紧密地关联起来，形成一个以病人为中心的多边实体关系图形。

（二）建设电子病历系统的主要目标

医疗机构正热衷于电子病历系统的研发与推广，其主要宗旨是实现患者诊断、检查检验及护理服务等相关临床数据的结构化、全面覆盖和系统化管控。医疗机构通过构建清晰有序的临床数据库，确保病历信息能够实时更新、持续完整且真实可靠。这不仅有助于促进患者从始至终的健康管理方案的实施，还能增强各地域、各级别医疗机构之间的信息沟通与协作，进而保障医疗服务更为顺畅、和谐。此外，电子病历系统的建立对构建多元化的临床业务管理平台起到了积极的推动作用，有助于医疗服务流程的更深入优化和重塑，实现医疗质量和安全的全面细致管理，并提高医疗服务的整体效率。同时，该系统还为医学教育、科研以及社会各界提供了珍贵的基础医疗数据支持，促进了电子病历在更广泛领域的普及和应用。电子病历系统不仅促成了医疗信息的共享、规范了医疗服务流程，还囊括了手术与护理的层级化管控以及辅助临床决策等多项功能。这些功能协同作用，实时保障了医疗质量监控的有效性，全面促进了医院信息化管理的提升，同时也为领导层提供了更加稳定和有力的决策支持。因此，电子病历系统无疑是推动医疗机构实现现代化、高效管理的重要工具。

（三）电子病历系统的开发

1.电子病历系统开发的基础条件

开发电子病历系统是一项涉及医疗机构众多部门的综合性任务。为了确保项目的顺畅进行，首要之务是医疗机构赢得医疗机构高层，尤其是核心领导层的关注和支持。因为此类系统往往需要跨越多个部门进行协作和资源调配，仅有高层领导才具备有效协调各方利益、推动项目前进的能力。其次,明确电子病历系统的真实需求非常关键。这些需求源于临床一线的医疗实践,同时也反映了医疗机构外部对电子病历系统的期许。举例来说,临床医护人员需要全面获取患者的健康信息,这就要求电子病历系统能够整合电子健康档案的相关数据;而医学教育和研究人员则期望系统能提供科研电子病历,以助力其教学和科研工作。此外,医务部门也需要利用电子病历系统的质量控制功能,实现对电子病历的全程监管。同时,根据诺兰模型的理论框架,医疗机构在信息化发展的不同阶段会遭遇不同的挑战。因此,在推进电子病历系统建设时,必须充分考虑医疗机构当前的信息化水平和发展阶段,以确保项目的实施既可行又有效。最后,实施电子病历系统还需完成一系列基础性工作。这包括建立相应的组织机构,对医疗机构现状进行全面调查,完善医院管理的基础工作,以及对人、财、物等方面的可行性进行深入分析。例如,需要评估医疗机构的基础业务数据量,包括每日的门急诊量、出入院患者数量、病床使用率和周转率等,以确保系统能够满足实际业务需求。同时,成立专门的电子病历筹建委员会,并由主要领导担任负责人,赋予其相应的权力和资源调配能力,这将有助于项目的顺利实施和成功落地。

电子病历系统作为医学领域的专业软件,其开发过程并非简单任务。单纯依赖软件开发公司、医疗机构自身力量,或是直接采用现成的软件来构建电子病历系统,都不是最佳的选择。因此,对于电子病历系统的开发方式,不能简单地用一个标准来评判,考虑到综合医疗机构所涵盖的医疗业务种类繁多、复杂度高,采用委托开发或合作开发的方式可能更为合适。这种方式能够将软件开发公司的专业技术实力与医疗机构的实际需求和专业知识相结合,从而更有可能成功地开发出符合医疗机构实际需求的电子病历系统。

2.电子病历系统开发的生命周期

开发电子病历系统的生命周期通常涵盖规划、分析、设计、测试、实施和运维等多个阶段。在规划阶段,主要需完成三项核心任务。首先是确定电子病历系统的边界。这要求我们在医疗机构整体发展战略的指引下,建立一个由高层领导负责的电子病历系统建设管理团队。团队的任务是确保电子病历系统建设策略与医疗机构的整体发展战略紧密相连。为实现这一目标,可以采用战略集转移法,有效地将医疗机构的战略重点转化为与电子病历系统建设紧密相关的决策支持。

其次是明确电子病历系统的项目需求。这意味着在识别和选定电子病历系统开发策略的基础上,界定系统建设项目的具体范围,并编制相应的项目范围说明书,以确保所有相关方对项目的目标和要求有清晰、统一的理解。最后是制订电子病历系统的建设计划。这要求我们利用多种项目管理工具和技术,如关键日期表、关键线路法、甘特图和计划评审技术等,来制订一个详尽的系统建设计划。该计划应明确列出系统建设的时间表、工作安排和资源需求,以便医疗机构能够合理配置资源并进行有效的绩效考核。

当医疗机构把电子病历系统建设确立为核心发展战略后,接下来就进入了系统分析阶段。在这一阶段,主要聚焦于两项至关重要的任务:广泛收集临床业务需求,并对这些需求进行合理的优先级排序。临床业务需求的收集是整个电子病历系统建设的基石。为了确保系统能够紧密贴合实际工作流程,医务人员被邀请提供他们详尽的临床业务需求。然而,这里存在一个挑战:由于医务人员通常不具备计算机开发的专业背景,他们提出的需求可能对于计算机领域的人来说难以理解,甚至有时会出现理解的偏差。因此,在这一过程中,拥有医学背景的医学信息学专业人才发挥着不可或缺的桥梁作用。他们能够有效地与医务人员进行沟通,确保准确、全面地捕捉临床业务需求。在收集完临床业务需求后,医疗机构接下来的任务是对这些需求进行排序。由于资源有限,不可能同时满足所有需求,因此需要根据需求的紧急程度、重要性和可行性进行权衡和选择。

在电子病历系统的设计阶段,主要承担两项核心任务:构筑技术基础和构建系统模型。构筑技术基础涉及确定支撑电子病历系统运行所需的全部硬件组件,如服务器、交换机、路由器、计算机和打印机等,以及确保系统平稳运行的操作系统、数据库管理系统和通信设备。这一阶段的工作旨在为电子病历系统提供一个稳定、高效的技术环境。而构建系统模型则是利用专业的图形化工具来可视化地描述电子病历系统的建设流程。这包括对计算机界面、报告生成、软件应用和数据库交互等各个方面的细致描绘。

电子病历系统开发阶段的主要任务集中在两个方面:构建技术架构以及建立数据库和进行编程工作。这一阶段的核心目标是将电子病历系统的逻辑模型转化为实际可运行的物理模型。构建技术架构涉及采购系统运行所需的各种软件、硬件以及必要的外围设备,从而搭建起支撑电子病历系统稳定运行的平台。在此基础上，建立与电子病历系统相配套的数据库，这是存储、管理和检索患者医疗信息的关键组件。同时，编程工作也至关重要，它涉及编写实现电子病历系统各项功能的软件代码。

在电子病历系统的测试阶段，核心任务包括确定详细的测试条件并全面执行系统测试。这一过程旨在模拟真实的医疗环境，从患者入院开始，涵盖病程记录、护理记录、各类检验检查报告的生成、医嘱的下发与执行，直至电子病历的质量控制与归档。对于每一个步骤，测试者都会设定具体的测试条件，并详细记录预期的结果。测试人员将按照设定的条件逐一进行测试，并将实际结果与预期结果进行对比分析。这种测试不仅涉及单个功能模块的验证，如护理模块、医疗模块和医技模块等，还包括跨模块的系统级测试。在系统级测试中，我们关注的重点在于各独立系统之间的数据共享能力、报告的自动传输功能以及医嘱流程的连贯性等。为了确保电子病历系统的稳定性和可靠性，所有的测试条件都必须经过严格的测试。

在电子病历系统的实施阶段，主要工作聚焦于两大方面：编制用户手册和用户培训。考虑到电子病历系统的最终用户是广大医务人员，因此在系统安装完毕后，开发者为医疗机构提供一套详尽、易懂的用户手册至关重要。这套手册应涵盖系统的各项功能、操作流程以及常见问题解答，旨在帮助医务人员快速掌握系统的使用方法。然而，仅凭用户手册并不能确保所有医务人员都能熟练操作系统。因此，实施阶段医疗机构还需组织针对医务人员的系统操作培训。培训可以采用多种形式，如现场演示、视频教程和互动问答等，以确保医务人员能够充分理解并掌握系统的各项功能。此外，对于那些在引入新电子病历系统之前已经在使用旧系统的医疗机构来说，实施阶段还需特别关注新旧系统之间的切换与衔接问题。为确保平滑过渡，医疗机构可以选择多种实施策略，如并行实施、直接实施、引导实施或分段实施。

在电子病历系统的运维阶段，主要有两大任务：建立运维应急响应团队和适应并支持系统的环境变化。运维应急响应团队是专门为了迅速应对电子病历系统用户在使用过程中遇到的新需求或突发问题而设立的。这个团队不仅负责监控系统的运行状态，还要对用户的反馈进行实时分析，并提供切实可行的解决方案。同时，由于医疗机构业务的不断发展和外部环境的持续变化，电子病历系统也需要不断地进行适应和更新。这就要求运维团队能够对这些变化作出快速反应，评估它们对系统可能产生的影响，并制定相应的应对策略。

3. 电子病历系统开发的项目管理

电子病历系统的开发是一个高度复杂的系统工程，其管理对于项目的成功与否具有决定性的影响。这一管理过程涵盖了计划、控制、维护和评价等多个环节，旨在确保系统能够按照既定的目标和要求顺利推进。在医疗机构明确电子病历系统需求的过程中，常常会遇到一些挑战。一方面，由于医疗机构的专业知识和技能限制，他们提交的开发需求往往目标不够明确，任务边界模糊，这给开发团队带来了理解上的困难。另一方面，随着开发过程的深入，医疗机构可能会不断产生新的需求，这导致系统程序、界面以及相关文档需要频繁更改，进而影响开发进度和费用预算。更为严重的是，这些临时产生的需求可能会对原有程序造成应激性的更改，从而给系统的稳定性和安全性带来潜在的风险。这些风险在系统正式上线运行之前可能难以察觉，一旦爆发出来，就可能会对医疗机构的日常工作造成严重影响。因此，对于电子病历系统的开发，必须采用项目管理的思想和方法来进行全局性的规划和控制。通过合理的计划安排，可以优化资源配置，降低开发成本，提高开发效率；同时，通过有效的风险控制机制，可以及时发现并解决潜在的问题，确保系统的稳定性和安全性。

电子病历系统建设项目管理涵盖了多个关键方面，以确保项目的顺利推进和高质量完成。这些方面包括：第一，信息管理。这一环节涉及对电子病历系统开发过程中所有相关资源，如人力、物力和财力的综合调配与控制。通过有效的信息管理，可以确保开发工作按照既定计划顺利进行，资源得到合理分配和利用。第二，范围管理。在此阶段，项目团队会明确电子病历系统的建设目标和范围，并完成相关管理组织的审定和批准，这有助于确保开发工作集中在核心需求上，避免不必要的偏离和资源浪费。第三，时间管理。时间管理要求项目团队根据系统建设范围制订详细的工作计划，包括具体活动的分解、时间安排和进度计划。这有助于确保项目按时完成，同时优化工作流程和资源利用。第四，费用管理。费用管理旨在确保电子病历系统的开发成本控制在预算范围内。通过对每个开发环节的成本进行严格控制，我们可以实现整体项目的成本控制和效益最大化。对于公立医疗机构等大型项目，通常通过公开招标来保证建设过程的透明度和预算控制。第五，质量管理。质量管理是确保电子病历系统符合医疗机构预期目标的关键环节。项目团队会在整个开发过程中执行严格的质量要求和标准规范，以确保系统的稳定性、安全性和易用性。第六，绩效管理。绩效管理关注开发团队中每个成员的绩效表现。通过参与绩效计划制订、辅导沟通、考核评价等持续循环过程，可以激励团队成员不断提升工作质量和效率，从而推动电子病历系统开发质量的持续提升。第七，风险管理。风险管理是对电子病历系统开发过程中可能遇到的风险进行识别、分析和控制的过程。通过制定有效的应对策略，项目团队可以最大限度地避免或降低风险带来的损失，确保项目的顺利进行和成功完成。

除了项目管理手段外，电子病历系统的开发还可以借助多种管理理论来确保其顺利进行。这些理论包括软件质量控制理论、软件质量检验理论、全面质量管理理论以及信息系统生命周期理论。这些管理方法的运用旨在优化资源配置，确保在有限的人力、物力和财力条件下，电子病历系统能够成功开发并满足预期要求。虽然这些管理方法在具体实施上可能有所不同，但它们的最终目标是一致的，即通过高效、系统的管理手段，推动电子病历系统的顺利开发，并确保其质量、成本和进度等各方面达到预期标准。

（四）电子病历系统的主要任务

电子病历系统的建设是一个复杂且庞大的工程，涵盖了规划、分析、设计、实施以及维护等多个关键阶段。在这一过程中，病历档案管理部门的作用尤为突出，特别是在电子病历系统的规划与分析阶段，他们负责将核心的病历档案管理需求与电子病历系统的开发团队进行有效沟通。一旦开发团队充分理解了这些业务需求，他们便能够顺利地开展电子病历系统的整个开发流程。完成建设后，病历档案管理部门将承担起病历档案的采集、组织、存储、传递和利用等重要工作，这些任务是确保病历档案得以高效、规范管理的关键。

1. 采集

采集在电子病历系统中是一个关键步骤，它基于病历信息管理的目标和需求，运用多种信息技术如条形码技术、射频技术以及 IC 卡（即医疗就诊一卡通）技术，来收集和录入病人在医疗、诊断、护理等全程中产生的所有相关信息。

采集病人信息的方式多种多样，通常可以通过条形码、集成电路卡、就诊卡、社保卡、银医卡、健康卡、一卡通以及身份证等各类信息采集卡来实现。这些途径能够有效地收集和存储病人的一般社会信息。在病历信息采集方面，我们分为静态和动态两类。静态病历信息主要指的是病人的基本社会资料，如姓名、身份证号、联系方式和家庭住址等，这些信息通常出现在病案的首页上。而动态病历信息则更为丰富，它涵盖了病人在医疗机构接受诊疗、检验检查、护理服务等各个环节中产生的所有医疗信息。这些动态信息包括但不限于病程记录、手术前后的各项小结与讨论、各类知情同意书、出入院记录、输血治疗记录、特殊检查和治疗的记录、会诊记录、患者知情同意与沟通记录、病理及检验检查报告、体温及医嘱记录、护理记录以及各种监测和治疗记录单等。这些动态信息共同构成了病人完整的医疗档案，为医疗团队提供了全面、准确的数据支持。

病历信息的采集主要由各医疗机构的电子病历系统和医务人员负责。由于不同医疗机构的电子病历系统功能设计存在差异，导致收集的病人信息质量不同。尽管2010年卫生部发布了《电子病历系统功能规范（试行）》（下称"规范"），对电子病历系统的功能提出了要求，但在实际执行中仍存在一些问题。规范要求医疗机构的电子病历系统能够支持病人各类医技科室信息的采集、存储和访问，包括检验检查、病理、影像、心电和超声等。然而，这些功能需求被划分为必需、推荐和可选三个等级，导致不同医疗机构的电子病历系统在功能实现上存在差异。规范还明确指出，医疗机构应为每位病人分配一个唯一的就诊卡号，作为其在医疗机构内的唯一标识。通过该标识，可以为病人创建电子病历并建立主索引记录，确保病人的所有电子病历相关记录都能与该标识对应。一些医疗机构的电子病历系统虽然能够收集病人的基本信息，但无法通过读卡设备自动读取病人的身份证、医疗保险卡等信息。例如，东南大学附属中大医院和南京医科大学附属逸夫医院的电子病历系统就存在这一问题，这导致在采集病人信息时，需要手动输入相关信息，增加了工作量和出错的可能性。

非常规病历信息采集是一种特殊的信息收集方法，它针对已经存档的病历信息，旨在满足医学、教学、科研等领域的特定需求。这种方法利用电子病历系统中的数据挖掘技术，深入分析疾病的发生、发展和治疗效果，为疾病的诊断和治疗提供科学依据，从而推动医学研究的进步。由于电子病历系统中的信息具有真实可靠性且稳定性高，数据挖掘技术在疾病诊疗、器官移植、基因研究、图像分析、康复预防、药物开发等多个科学研究领域都有广泛的应用。这些应用不仅提高了科研水平，也促进了医学技术的创新和发展。此外，病历档案信息在医疗机构管理中也发挥着重要作用。通过利用这些信息，医疗机构可以了解医务人员、设备、技术和物资的使用情况，从而评估医院管理的效果并发现存在的问题。例如，通过分析出院病人人数、平均病床周转次数、平均开放病床数等数据，我们可以掌握医院运营的情况和病人数量的变化趋势，为医院管理提供有力支持。

2. 组织

病历档案信息的组织，也称为整序，是基于病历档案管理的各项规范，对病历档案的特点进行深入揭示和描述，再按照一定的顺序对病历档案进行排列和序化的过程。不论是实体的病历档案管理还是全程的管理模式，整序都是不可或缺的一环。但在以信息为核心的病历档案管理模式下，我们更多地依赖于电子病历系统来完成信息的整序工作，而不是依赖传统的实体病历排序、上架以及编制国际疾病分类码（ICD 码）等。病历档案信息的组织是对病历档案进行前期处理的重要环节，紧随病历信息采集之后。这一过程具体涉及对病历信息的筛选、深入分析和准确描述等步骤，这为后续的病历档案管理和应用奠定了坚实的基础。

病历档案信息的筛选是构建整个病历信息体系的首要步骤。在医疗服务过程中，病历信息原本是无序的，但通过电子病历系统，我们可以根据病历的各种属性，按照一定的规则进行设计，为病历信息赋予一定的结构性和约束性，使其在时间和空间上呈现出有序的特征。

对病历信息的分析，实际上是对其内外特性进行细化处理、整理归类和提炼总结的过程。这一过程将原本杂乱的信息转化为按逻辑关系组织的结构化数据，为后续的病历信息描述和深度挖掘奠定了基础。而病历信息的描述，则是根据信息组织和检索的需求，对病历中的关键内容如首页信息、入院记录、治疗过程、手术详情、医嘱和护理情况等进行分析、提炼和标注的过程。

病历档案信息的描述是在数字化环境中，遵循既定的规则和方法，利用电子病历档案的元数据来捕捉和展现病历信息的形式和内容特征。这一过程涉及对电子病历信息的精细化加工和程序化处理，旨在将其转换成结构化的信息记录。最终，每位患者的电子病历信息都会以一条包含多个描述项的信息记录的形式呈现，这些描述项共同构成了该患者完整的电子病历档案。

3. 存储

病历档案信息的存储是一种关键的信息管理活动，它是将经过筛选、分析和描述等步骤加工整理后的病历档案信息，按照特定的格式和顺序保存在专用的病历档案数据库中的过程。这一过程不仅确保了病历档案信息的有效保存，还使得信息的管理者和用户能够迅速、准确地识别、检索和利用这些信息。存储并不是独立存在的环节，而是与整个病历档案信息管理流程紧密相连。在现代的病历档案信息管理模式下，我们主要利用电子病历系统和先进的数据库技术，对病历档案信息进行集中、统一的管理，从而极大地提升了信息存储的效率和安全性。

4. 传递

在传统的纸质病历档案管理模式下，病历信息的交流主要依赖于实体的病历档案传递。这种传递方式通常是以人力为主，辅以专用的物流设备如电梯、轨道式物流系统或物流管道等，将病历档案送达医疗机构的各个部门以供利用。而纸质病历档案的电子化或数字化扫描件，则通过构建医疗机构内部的计算机局域网络，在机构内部实现数据的共享和利用。随着电子病历系统的出现，电子病历档案信息的共享成为可能。医疗机构的信息系统与电子病历系统之间，或者不同的工作网络之间，都能够进行数据的传输和交流。这种方式的实现，真正做到了让数据流动起来，提高了信息的利用效率和便捷性，同时也为医疗机构的各部门提供了更加及时、准确的信息支持。

5. 利用

病历档案信息的利用是将这些信息有效地整合到医疗机构的医疗质量管理和日常运营活动中，为医务人员、医疗机构管理者以及社会各界提供有力的预测和决策支持，这也是病历档案信息价值的最终体现。通过电子病历系统，我们可以将病历档案信息与诊断、治疗、检验、检查以及护理服务等医疗业务的核心要素紧密结合起来。这样一来，不仅能反映医疗机构的医疗质量水平，还能协助医疗机构管理者制定更为科学的发展战略，进而提高医疗机构的管理效率和运营水平。同时，充分利用病历档案信息还能为医疗机构节约资源、降低成本，包括人力、物力、财力和时间成本等。病历档案信息的利用主要涉及信息检索和服务两个方面。

三、病历档案信息管理模式的意义

病历档案信息管理是从病历档案的核心特性出发，超越了仅对实体病历档案的认知，将病历档案视为实体与信息的结合体，并特别关注从信息采集、组织、存储、传递到利用等全过程。这种管理可以根据管理对象的不同分为狭义和广义两种。狭义的病历档案信息管理是在实体病历档案管理的基础上，对病历档案中的信息内容进行深度加工，提取有价值的信息，经过存储和传递后，为特定的信息用户提供服务的过程。这一过程旨在从病历档案中提炼出关键信息，以满足特定用户的需求。而广义的病历档案管理则不仅关注信息本身的管理，还涉及与病历档案信息及其管理活动相关的所有主要要素的管理。这种全面的管理方式涵盖了病历档案信息的各个方面，从实体管理、全程管理，到以信息为核心的管理模式。我们将病历档案信息作为管理的重要内容，极大地丰富了病历档案管理的内涵和外延。

随着医疗机构对病历档案在各项医疗业务中基础性作用的日益重视，病历档案管理的信息化建设也逐步加强。通过信息化手段，病历档案的载体与信息内容得以有效分离，这不仅打破了传统病历档案利用的物理距离和空间限制，而且使我们对病历档案实体的依赖逐渐减弱。因此，我们可以更加直接地管理和利用病历档案的信息内容，从而提高病历档案的管理效率和利用价值。

第四章 医院实验室与教研室档案管理

医院实验室档案是医院实验室建设发展的重要资料之一，必须十分重视。医院教研室档案也是教研室必须存档的重要资料，其在人们的生活、工作中发挥着越来越重要的作用。本章主要讲述医院实验室与教研室档案管理内容，从三个方面展开介绍，分别是临床实验室档案管理、病理科档案管理以及教研室档案管理。

第一节 临床实验室档案管理

为了了解人体结构和疾病产生的原因，古代的埃及人、罗马人和希腊人建立了解剖实验室，并在尸体解剖的基础上逐渐形成了病理学。病理学的英文为pathology，在拉丁文中"patho"代表痛苦的意思，"logos"代表研究，pathology也就是痛苦的研究。尸体解剖的目的在于了解患者的死因，但除此之外，人类还需要了解疾病的起因和发展，需要了解组织细胞变化与疾病发展之间的关系，以便采取相应的预防和治疗措施，这些未知数是现代检验医学形成的基础。

检验医学是在基础科学的理论上发展形成的，早期的检验医学是由医师或医师指导下的技术人员利用手工方法开展一些简单的实验，这种方式耗时、变异大、易受技术和人为因素的影响。随着科学的进步，由于一些实验不断复杂化，与该领域相关的技术成熟的医生就会去专门培养一些人员当作他们的帮手，协助他们进行大量复杂的实验。各个不同领域的医生在创建检验医学这一新兴学科中发挥着举足轻重的用处，检验医学逐渐发展出一套自己的准则和规范。1928年，美国临床病理学协会（ASCP）成立了国家注册委员会，专门教育培训非医师的实验室工作人员。20世纪40年代以前，临床实验室（以下简称实验室）规模很小，只有显微镜、目测比色计、温箱等简单的仪器。到了20世纪50年代末期，生化分析仪、血液分析仪等自动化设备进入了实验室，这在显著减少测试所需时间的情况下，极大地增多了可在实验室内进行测试的项目。到 21 世纪初，现代实验室可配备上百种规格、型号不一的设备，一年可完成几百万、千万次的试验，为医生和病人提供海量数据。20 世纪 80 年代以来，尤其是最近的十年内，国内很多医疗单位的实验室都对其工作环境进行了改进，并对其仪器进行了改进，增设了一些检查项目，这促使检验医学在预防、诊治和健康检查中扮演着日益重要的角色。引进和推动仪器设备的更新，极大地推动了我国检验医学的进步和发展，同时，我们也要看到，仅靠先进的、自动化的仪器，还不足以从根本上解决检测质量问题。一个实验室要获得成功，它的管理者应该是一个有领导能力和管理能力的人，因此，领导者应能够明确地对实验室进行正确的定位，规划好实验室未来的发展，而管理才能主要集中在为达到工作目的而利用的特定方法上。作为一名优秀的实验室管理者，应具备敏锐的洞察力，确立恰当的工作目标，使病人、医生、实验室员工以及医院管理层的需求都能得到最大的满足。实验室管理人员应对环境的变化、检验医学技术的发展、临床实验室的管理理念的更新，以及实验室软硬件的建设有充分的了解和把握，这样才能更好地满足使用者的期望与需求，面对未来的挑战。

一、临床实验室概述

（一）临床实验室定义

临床实验室（clinical laboratory）又称为医学实验室（medical laboratory），我国大多数医疗机构现仍习惯称为检验科（department of clinical laboratory）。在欧美许多国家，医院的临床实验室主要指病理科（pathology department），包括临床病理室和组织病理室，其中临床病理室相当于现今我国医院的检验科（化验室、检验中心等），组织病理室相当于病理科；在日本，临床检验与其他物理、化学检查部门如临床病理、心电图检查室、超声检查室等一起作为整体的检查部门为临床提供服务。有些国家（或地区）的临床实验室制度与国内类似，将临床病理室与组织病理学室区隔开来，如我国香港中文大学有独立的化学病理科；丹麦没有综合病理科，各专业实验室单独设置。

2006年我国卫生部（现改为国家卫生健康委员会）颁布的《医疗机构临床实验室管理办法》将临床实验室定义为对取自人体的各种标本进行生物学、微生物学、免疫学、化学、血液免疫学、血液学、生物物理学、细胞学等检验，并为临床提供医学检验服务的实验室。医学实验室又称临床实验室。

"国际标准化组织 ISO 15189 把临床实验室（clinical laboratory）或医学实验室（medical laboratory）定义为：以诊断、预防、治疗人体疾病或评估人体健康为目的，对取自人体的标本进行生物学、微生物学、免疫学、化学、血液免疫学、血液学、生物物理学、细胞学、病理学或其他检验的实验室，它可以对所有与实验研究相关的方面提供咨询服务，包括对检验结果的解释和对进一步的检验提供建议。"[①]

（二）临床实验室范畴

根据上述定义，公立医疗机构内的医学实验室，私立医疗机构内的医学实验室、采供血机构的实验室、独立医学实验室，疾病控制中心的实验室和检验检疫局的实验室均属于医学实验室的范畴。其中独立医学实验室，我国亦称之为医学检验所或第三方实验室或区域检验中心等，它是以公司形式存在的独立医疗机构，是在卫生行政部门许可下，具有独立法人资格、专业从事医学检验检测的机构，主要为各级医疗机构提供专业的临床检验与病理诊断技术服务。

从事法医检验的实验室和从事科学研究的实验室都不属于临床实验室范畴。仅采集或准备样品的机构，即使是大型实验室网络或体系的一部分，也不能称之为临床实验室。临床实验室必须在相关卫生行政部门登记备案，并明确为临床实验室的下设专业，在经卫生行政部门批准后才能开展相关专业的临床检验工作。

（三）临床实验室功能分区

二级及以上医院的临床实验室根据其服务对象不同一般分为门诊检验室、急诊检验室和住院部检验室，有的医院如门诊和急诊紧靠在一起，可在门诊和急诊结合部，将急诊检验室和门诊检验室合在一起，称为门诊急诊检验室或快速检验室。有的医院不分门诊检验室、急诊检验室和住院部检验室，所有检验项目集中在检验科检测。

---

① 吴阿阳，李树平. 临床实验室管理[M]. 武汉：华中科技大学出版社，2017.

1. 门诊检验室

门诊检验室服务的对象主要是门诊患者，检验项目一般以血、尿、粪便、阴道分泌物及精液等标本的常规检验为主，要求检验项目检测周转时间短，能及时提供检测结果。为了方便患者，门诊检验室最好设在医院门诊部附近。

2. 急诊检验室

急诊检验室服务对象是急诊患者，所开展的检验项目主要包括血、尿和粪便三大常规，以及血糖、血尿素氮、血尿淀粉酶、血气分析、电解质分析、心肌损伤标志物等急诊检查项目。急诊检验室的主要工作任务是提供准确、快速的检验结果，要求检验项目检测周转时间短。检测周转时间反映了医院临床实验室的应急能力，有的实验室承诺三大常规半小时，其他急诊项目1小时报告检验结果。

3. 住院部检验室

住院部检验室也被称为中心检验室或医学检验中心，大多数住院部检验室不仅为病房的患者服务，还承担全院的临床生化检验、临床免疫学检验及临床微生物学检验等任务，是临床实验室的重点和主要功能区。一般住院部检验室分为行政办公区（主要有主任办公室、图书资料室、会议室、教室等），后勤功能区（主要有值班室、更衣室、试剂库、冷藏室、储藏室、试剂配制室、仪器维修室、消毒室、洗涤室等），标本前处理室（进行标本接收和分发工作）及各专业实验室。

专业实验室有分隔式和开放式两种模式，随着自动化的标本识别、分配、输送和检测仪器的发展，尤其是自动化流水线和前处理系统的应用，专业的概念在实验室的分区被打破了。我们可将生化分析仪、免疫分析仪和血凝分析仪等不同检测功能模块相关仪器组合在一起，组成开放式一体化实验室。但目前大多数医院住院部检验室还是以学科（专业）分成相对独立的各个专业实验室，比如有临床体液学检验实验室、临床血液学检验实验室、临床生物化学检验实验室、临床免疫学检验实验室、临床微生物学检验实验室、临床分子生物学检验实验室。

在二级以下医院，输血前相容性检查包括血型鉴定、抗体筛查和交叉配血等由检验科负责（称为血库），二级及以上医院单独成立输血科，相关检查由输血科负责。

（四）临床实验室组织结构

组织结构是指组织内部关于员工职务、责任及权利关系的一套管理体系，其本质是为实现工作目标而采取的一种分工协作体系，组织结构是整个管理体系的一个框架，组织结构不是一成不变的，必须根据实验室具体情况而变化。目前临床实验室主要采用直线型结构和职能型结构。

1. 直线型结构

在临床实验室中分为实验室负责人和实验室技术人员两个层次，是最简单的组织类型。组织中每个人只有一位直接领导，实验室负责人对实验室员工有直接管理权，实验室人员只向其汇报工作。一些规模较小、开展项目不太多、工作量不大的临床实验室通常采用这种形式，如一级医院、社区服务中心、一些门诊单位、体检单位等医疗机构的临床实验室。

2. 职能型结构

职能型结构是按照分工原则进行设计的。除了实验室负责人，还相应设立一些其他的管理部门或专、兼职管理人员，协助实验室负责人进行某一方面的管理工作。实验室负责人把一些相应的管理职权交给相关人员（如质量负责人、技术负责人、安全负责人），在实验室负责人授权下，这些人员有权在自己的职责范围内直接下达指示，安排或组织某一方面的工作。

（五）临床实验室管理层次

职能型的临床实验室一般分为三个管理层次：实验室管理层、专业组组长和技术人员。

1. 实验室管理层

（1）实验室负责人：有能力及有职权对实验室全面运行及管理负责的一人或多人，一般是指检验科的行政主任和行政副主任，其由该医疗机构管理层任命。实验室负责人对实验室的全面运行及管理负责，其主要职责是圆满完成该医疗机构对临床实验室所提出的各项要求；制订科室的发展目标、工作计划；对工作进行决策、授权；与相关部门进行沟通、协调；对日常工作进行组织、管理等。

实验室负责人应具有相应的资质及职称，二级以上医疗机构临床实验室负责人还应接受省级以上卫生行政部门组织的相关培训。

（2）质量负责人：协助实验室负责人建立质量管理体系的人员。其负责起草相关质量文件，并监督各专业组按照质量管理体系有效运行；定期实施内部审核，对影响质量的各种因素提出处理或改进意见；对员工进行培训；对质控员或质控小组进行指导等。

（3）技术负责人：一名或多名对实验室所涉及的专业领域内的基本知识、检验技术有经验的人员。其主要职责是对实验室的运作和发展进行技术指导和管理，并提供相应资源（如物质资源、人力资源、信息资源，其中包括学术发展动态和检验系统的评价信息等）。其工作还包括实验室主要检测仪器的监管、试剂管理、新检验项目的开展、实验室环境的监测等。

（4）安全负责人：负责实验室安全，职责包括组织安全教育；协助实验室负责人建立安全管理制度与安全操作规程；参与对实验室生物安全防护级别的评估；对个人防护用品、消毒、灭菌及防火设备的配备及使用情况进行检查；对菌株、毒株的保管、使用、处理及对医疗废物的处理进行监管；防止因职业暴露而引起实验室感染，防止医疗废物对环境的污染，对职业暴露进行应急处理等。

2. 专业组组长

各专业组是完成日常工作的基本单位，专业组组长由实验室负责人指定，并对其负责。具体的职能包括本专业组日常管理工作（含行政管理）；组织本专业组的检验工作；监督和指导本专业组工作人员按操作规程操作，保证在规定时间内完成检验任务；监督本专业组员工遵守相关规章制度等。

3. 技术人员

技术人员主要从事具体临床检验及相关工作。

（六）临床实验室主要工作

现代化的临床实验室主要任务是提供及时、可靠的检验结果，提供充足的检验项目和临床咨询。其中前者是检验医学的龙头，后两者分别是检验医学的左翼和右翼。临床实验室尤其是大型的三甲医院临床实验室的工作范围主要包括临床检验与临床咨询、教学和科研三个方面。

1. 临床检验和临床咨询

临床实验室的主要工作是利用各种检查手段和方法，对人体的各种标本进行检验，为服务对象提供及时、可靠的检验结果。要很好地完成这一工作，临床实验室必须建立健全实验室质量保证体系，加强对检验全过程的质量控制和管理，重点抓好检测系统六要素：仪器与设备、试剂（盒）、校准品、质控品、操作程序及检验人员等的组合。选择灵敏（sensitivity）、特异（specificity）、快速（speediness）、简单（simpleness）和安全（safety）的检验方法（医学检验方法的5S目标），为临床提供准确、快速、经济的检验结果。从"以标本为中心、以检验结果为目的"的理念，向"以患者为中心、以疾病诊断和治疗为目的"的理念转化。

临床咨询服务是检验医学包含的重要内容之一，也是分析后阶段质量管理的重要内涵之一。

咨询内容主要有检验项目的选择、检验结果的解释，也可就下一步的实验选择和治疗方案进行讨论等。我们可以预测，在未来实验室的临床咨询服务能力将是衡量临床实验室水平的一个重要指标，临床实验室要完成好该任务，必须加强检验医师的培养。

2. 教学

尽管在临床实验室的定义中，临床实验室的主要工作似乎并不包含教学和科研，但医学人才的培养向临床实验室提出了教学要求，医学生尤其是检验医学专业学生见习、实习以及初级检验人员的进修、培训等都要在临床实验室进行。临床实验室尤其是教学医院的临床实验室有培养医学人才的责任和义务，应该充分发挥自身的资源和价值优势，通过教学为社会培养人才。而且，在教学的过程中临床实验室和带教老师自身的素质和水平也会得到提高，可以达到教学相长的目的。

3. 科研

科研工作基本程序主要包括立题、科研设计、科学实验、数据处理和课题总结（如总结报告、发表论文和成果鉴定）等。临床实验室是科学研究的重要阵地，检验科具备得天独厚的条件，要组织多学科进行课题申报，联合攻关，加强检验医学与临床医学的结合，促进检验医学技术和学术水平的提高和发展，进而提高医学检验质量。临床实验室科学研究的使命主要表现在两个方面：一是开发或建立新的检验仪器、技术、方法、检验指标和试剂盒，提高临床检测水平；二是开展疾病的病因研究与评价、诊断试验的研究与评价、临床疗效和预后的研究与评价等，为临床诊断和治疗服务。

检验人员科研方向和选题要密切结合自己的实际工作，形成自己的特色，要做一个有心人，勤于思考和探索，不断提出问题，积极查阅文献，撰写综述，积极参加科研工作，撰写论文。临床实验室要制定科研管理的规章制度，不仅加强科研管理，同时要加强科研队伍建设，注重学科建设和学科带头人培养，提高科研水平。

（七）临床实验室的功能

1. 为健康评估和疾病预防提供依据

随着经济发展、人民群众生活水平的提高和医疗卫生条件的改善，健康体检、疾病预防和疾病筛查已经成为医疗行业的重要内容。如对某些疾病高危人群进行体检筛查，可了解该人群的健康状况，以便及早采取干预措施，个人进行定期检查，可以实现"早发现、早诊断、早治疗"。随着分子生物学检测技术的发展，将有可能开展个体某些疾病的易感基因，甚至全基因组的测定，预测疾病风险，并提出并实施个体化预防方案。

2. 为疾病诊断提供依据

为疾病诊断、辅助诊断和鉴别诊断提供客观依据是临床实验室最重要的作用之一，主要表现在以下几个方面：（1）疾病诊断的"金标准"，如感染性疾病的病原学检测、白血病的血液细胞学检测及某些肿瘤的脱落细胞学检测、免疫学方面的确认试验等。（2）疾病诊断的重要指标，如糖化血红蛋白测定对糖尿病的诊断，胆固醇、甘油三酯测定对高脂血症的诊断等。（3）疾病诊断的鉴别指标，如对发热患者进行病原体检查和白细胞计数及分类对判断是否存在细菌感染有重要价值，红细胞沉降试验对判断某些疾病是否处于活动期有重要意义等。

由于受到检测方法灵敏度和特异度、病原体变异、检测项目和某种疾病的相关性程度的影响，医生仅依靠临床实验室的结果有可能做出错误的诊断，临床实验室的结果只能作为疾病诊断的指标之一，而不是唯一依据。大多数检验结果主要用于辅助诊断，必须密切结合病史、临床症状、体征以及其他辅助检查综合考虑，这样才能做出正确的诊断。

3. 为疾病治疗和疗效观察提供依据

检验结果可用于追踪疾病发展进程、监测治疗效果、指导临床用药。如对致病菌株进行药物敏感试验，可以帮助临床医生选取敏感的抗菌药物；血药浓度测定等对指导临床用药也十分重要。检验结果可用于监测治疗效果，如乙肝病毒

DNA定量测定可有效反映机体内乙肝病毒的含量和复制程度，这可用于乙肝治疗的疗效判断。

4.为疾病预后判断提供依据

检验结果也可提供预后信息，如肌酐测定对尿毒症的预后判断很有价值，血肌酐值越高，说明肾病越严重，预后不良。某些肿瘤标志物可用于对肿瘤患者病情转归的评估，如肿瘤患者手术后肿瘤标志物水平高或持续不降低，常预示预后不良；降低后又重新升高，提示肿瘤复发。

5.为流行病学调查与环境监测提供依据

我们可以通过中心血站献血员血液乙肝表面抗原定性检查资料可以了解该地区人群感染乙肝病毒的情况。

6.为医学研究提供可靠数据和支持

临床实验室健康体检和各种患者的检查结果可作为相关医学研究的资料。临床实验室的技术、设备也为科研项目的开展提供了平台。

总之，检验结果为临床医生提供了有关疾病诊断、治疗、预后等方面的重要信息，而且检验结果已从过去简单的诊断提示作用发展到目前多方位的用途。检验结果在不同个体、不同状态、不同时间针对不同目的的分析解释日益受到重视，检验医学正在向前瞻性、预见性和主动性方向发展，其在医疗卫生事业中发挥着越来越重要的作用。

二、临床实验室档案管理制度

目的：按照GCP（药物临床试验质量管理规范）的要求严格管理临床试验书面材料及资料，以保证资料的安全性。

范围：适用于所有药物临床试验。

内容：规范临床试验文件保存环境，保证临床试验文档完整性和安全性。

（一）档案室情况

（1）机构备有独立的档案室，室内配备带锁文件柜，档案室及文件柜钥匙由档案文件管理员保管。我们需要调阅资料时由档案文件管理员进入并查阅文件，无关人员不得入内。

（2）档案文件管理员每次进入档案室调阅文件后，及时将文件放回档案室，并随手锁门。所有档案须方便查阅，设立专用借阅登记本，严格遵照科研资料的借阅手续，借出的资料须及时归档。

（3）档案室内禁止吸烟、严禁明火。

（4）档案室防盗、防水、防潮、防虫、防霉、防火。

（二）档案文件管理员职责

（1）机构设置名档案文件管理员，由其保管档案室及文件柜钥匙，存放及调阅文件。

（2）保证保密级文件不得长时间公开放置于机构办公室，须及时放入文件柜。

（3）两名档案文件管理员负责档案室及文件柜钥匙，其中1名不在时由另一位完成相关工作，档案室及文件柜钥匙不得随意交予他人。

（三）临床试验文件

（1）已经获得审批的临床试验文件，如食品药品监督管理部门批件、伦理委员会批件、已审批试验计划、试验方案、知情同意书、研究者手册、药检报告等。

（2）临床试验记录文件，包括化验记录/结果、检测记录/结果、不良事件记录、病例报告表及其他原始记录文件。

（3）针对具体临床试验项目的标准操作规程。

（4）试验各阶段需保存的临床试验文件。

（四）临床试验应保存的文件

文件按照GCP的要求分临床试验准备阶段、临床试验进行阶段、临床试验完成三个阶段归档。临床试验机构办公室专设文件管理员，由机构办公室主任指定。各期临床试验结束后，由各专业文件管理员或试验项目协调员及时将全部试验文件和资料移交机构办公室的文件管理员，由其逐一核对、登记资料，如有遗漏，应及时补齐。

（五）临床试验文件资料归档

为了便于管理和查阅，按临床试验项目编号保存。

（六）临床试验文件保存

（1）保存形式：纸质文件、电子记录、移动硬盘、刻录 CD 等形式。

（2）保存期限：保存临床试验资料至临床试验结束后 5 年。

（3）文件管理员对文件资料的归档和保存负责。

（七）试验文件的保密制度

试验文件是保密文件的一种，如果没有研究者和机构办公室主任的允许，所有人都不能把实验文件拿出办公室；不得复印文件；不得让该研究人员以外的人调阅相关文件。

三、临床实验室设备档案管理

（一）认识设备档案

设备的档案说到底是一种关于设备使用的记录，它需要能够去说明和体现设备管理的水平。伴随社会的发展，人们的思想已经有了进步，管理实验室设备这项工作也被更多的人认识和了解，但是很多地方和医院对于设备管理这项工作认知还是不到位，有诸多的缺陷。为了规范实验室设备的管理，中国实验室国家认可委员会（以下简称"认可委"）制定了检测和校准实验室认可准则（ISO/IEC：17025：2005），对设备管理进行了详细明确的要求，指导我们提高实验室的设备管理水平。在做好设备管理的过程中，我们要对档案管理的重要程度有一个清醒的认识，把工作落实到具体实践中去，把它的功能发挥出来。

（二）设备档案的建立

任何一种医疗器械，从购置到报废，都要经历四个环节，即购置、安装、使用和报废，因此，设备档案管理需要对设备进行跟踪和整理以记录信息，并对其进行严格的审核。每一件大型仪器均应有 1 个档案盒，档案盒上应有该装置的名称和该装置唯一的装置编号。另外，实验室内部应该建立一个包含和设备有关的记录、有各种信息表格的整套档案手册。如"基本信息表"包括设备及制造商的名称、设备型号、出厂编号及该设备的唯一内部编号、当前所处的位置等内容；"设备启用验收记录"记录设备的验收情况，如设备的合格证、装箱是否符合标准，说明书或其存放地点是否正确;"设备维修记录"记录设备的损坏、故障、改装或修理信息。在建立设备档案时,我们要将这些记录表准确地进行登记,并经主管签署后,将其装入档案盒。档案盒要有一个便于存档和查找的目录,其内容必须与其信息资料相符,并且要随文件内容的改变而不断进行更新。

(三)资料的收集

(1)在对大型仪器设备进行开箱检查时,档案管理员要参加本部门的设备开箱检查工作,对相关数据进行汇总和分类,并将与该设备有关的合同(原件由采购部保管)和发票复印后存档。在设备安装及试运行期间,档案管理员要及时搜集相关的数据,例如仪表的安装报告、校准证书和所有其他相关的记录等。

(2)按照质量体系的规定:新设备在调试完毕后,档案管理员要对其进行系统检验,还要按时对相关的设备仪器进行期间核查,并由厂家每年进行一次设备校验;在更换电极、光源、加样针等关键部分后,档案管理员应再次进行标定和校准,以保证仪器满足试验要求;需校准的仪器,如酶标仪、电子天平、分光光度计等,要按时送有资格的单位检测。在这些程序中产生的有关信息和报告证明都要完全收集。此外,我们应该定时更换在档案内与仪器有关的 SOP,保证它的版本是可以使用的,要和仪器的使用部门采用的 SOP 相同。

(3)此外,还有一个方面十分关键,无论是生化分析仪、基因扩增仪、电子天平等需要检定校准的设备,还是离心机、组织脱水机等需要做功能检查的设备,每一次维护资料都要有详尽的记录,如仪器出现的故障、维修技术人员的详细情况、具体维修内容、零部件更换情况、维修费用、修理后设备使用状况和性能指标等,这为以后的各项工作提供了参考依据。

(4)我们应将各类小设备的说明书、保修卡等一起存入档案箱或专用区域,便于日常查找。

(四)档案管理人员对工作的认识及其职责

是否能做好档案工作,一个关键点在于档案的管理者要明确自己的工作职责。为了让档案管理员对自己的岗位职责和档案管理工作的重要性有更深的了解,并对人员进行优化配置,提高工作效率,应由一个人负责设备管理与文件管理。这样,既实现了文件管理和设备管理的一体化,又实现了与维护、作业人员的沟通。

从设备的安装、使用、校准、维护到报废处置的整个流程中，档案管理人员要对设备的管理有更深的认识，只有才能更好地做好档案管理工作。

档案管理者需在日常工作中保护好文档，做好防火、防盗、防鼠、防潮湿等防护工作；管理人员还要经常进行档案保管工作，对破损的文档要及时进行修复，以保证档案的安全性和完整性。

若有必要，实验室职员需查阅相关文件，在由档案管理员审核，并经其同意后方可外借，办理相应的登记手续。档案管理员要对档案进行保密，防止泄密。

第二节 病理科档案管理

一、病理科与病理科档案概述

病理学（Pathology）是医学科学中的基础学科之一，它是基础医学与临床医学之间的桥梁。病理科是我国医院主要科室之一，直接为临床服务，主要职责为对人体切取的组织和细胞等进行观察，以确定疾病的类型，为临床决定治疗方案、确定手术范围提供依据，从而提高临床诊断及处理水平。

在医院科研工作中，实验动物的形态学观察是实验教学中一个重要的可以重复对比的部分。在临床病例分析、个案报告、经验体会等文献中，没有确定的病理诊断作为依据的文章是没有价值的。

国外临床病理科包括我们国内的临床病理科和检验，临床病理科的主任由具有 MD（医学博士，Doctor of Medicine）、PhD（Philosophic Doctor，哲学博士）学位的病理学家担任。

二、病理科档案管理常见问题

（一）病理申请单常见问题

病理申请单是一种具有法律约束力的医学文件，它的填写是否完整和准确，将直接影响病理学诊断的准确性，从而影响病人的治疗计划。但是，也存在一些临床医生不够认真，或者是没有专业的理论知识，导致在申请表中存在着一些不符合要求的情况：填写不全、不填写病人年龄、不能清晰辨认字迹、不完整的手术记录、不标准的诊断术语等。所以，病理技术员接收标本后，要仔细核对申请单，并与临床医生进行交流，将不符合要求的申请单退回，进行修订，确保病理医生作出准确的诊断。

（二）病理切片和蜡块常见问题

病理切片及组织蜡块为病理诊断提供了最直观的证据，它可以在病理诊断、科研、教学、会诊中进行使用。如果是有争议的病理学报告，或者是比较难处理的，则要拿出切片或者组织蜡块，然后在科室里讨论，或者是与其他科室会诊，或者是远程会诊。所以，病理切片、石蜡切片的制作质量及保存完好与否，都会对病理工作的顺利进行产生重要影响。但是，仍然有许多问题发生在临床工作当中：大多数塑料包埋盒的序号码模糊不清、蜡块干裂、蜡块丢失，尤其是包埋组织塌陷情况普遍存在；玻片上的序列号多为手工书写，实践中不易辨识，部分切片存在粘连、污染、破损等问题；封片时间过长导致组织收缩甚至出现裂痕或者部分细胞核吸收空气中的水分导致透明不良，出现"黑核"；因管理上的疏忽，也造成了快速玻片的遗失和逾期不归还等问题。

三、优化病理科档案管理的建议

（一）加强病理科档案管理意识

国家、卫生部对档案管理提出了具体的要求，提出了病理科要满足临床医学与研究工作的需要设立档案管理库。当前，我国大部分医院都把病理科档案当作数据文件来进行管理，把重点放在临床病理诊断上，而忽视了对档案的管理。同时，目前大部分医院尚未把病理科的档案管理工作纳入医院的评估和责任管理之中。作为教学科研型的医院，必须在思想上提高对疾病档案管理工作的认识和重视，提高对疾病的认识。一个优秀的病理科档案的信息化建设，不能仅仅停留在数据的简单录入和查询等环节上，其他要为科研、教学、临床和病人提供重要的参考，要对临床和科研进行分流，同时还要对档案的借阅和查询进行合理的管理。如果需要的话，还需要对病理科的档案管理员进行专门的训练，让他们的专业素质得到提升，并且能够娴熟地运用各类现代化信息工具，为做好病理科的档案管理工作奠定良好的基础。

（二）规范病理科档案管理制度

管理制度系统化、规范化是干好病理科档案管理工作的一个重要保证，在病理科档案管理的每一个环节中，都要有一套符合规范的、统一的规章制度来确保操作的标准化。一是病理科档案数据类型多、保管困难，这对其储存的内部环境提出了更高的要求：室内环境整洁，防火、防虫、防霉，温度和湿度要适宜，以保证档案的长久保管及有效的管理。二是要建立一套严密的归档移交体系。为了便于阅读，申请单、报告单等文本材料要以统一的形式进行记录，组织蜡块和玻片的接收、移交和存档都要做好相应的记录，由专人负责，落实个人。三是要健全图书借阅与利用的管理体制。随着医学教育和科学研究的日益增多，如何既能保证教学与研究的需要，又不影响临床工作，是一个迫切需要解决的问题。制定一套严谨的借书制度与办法，借书人员须持相关证明文件方可借书；对所收集的资料，做好定期的安全备份，最大限度地提高病理科档案的使用效率。这样，临床医师就能查询到最近的患者资料，而那些想要借阅早期或者大量样本的研究人员，也可以获得存取权限，找到自己想要的资料，实现信息的分流，让病理科的档案利用率实现最大化。四是要建立科学的档案保管体系。用后的组织、蜡块、玻片要科学地保管，以便以后查阅。对确诊后1个月内无异议的组织标本，交指定专人保管，并做好相应的记录。对一些较为稀有或特别的病例，可以将其做成标本长时间存放，以备教学及科研之用：将检查好的切片经低温烘烤之后放置于玻片柜中，将免疫组化切片与常规切片放于一处，其它切片（科研、会诊、读片、骨髓、细穿刺切片等）分别保存，方便查询和利用。把用过的切片用石蜡封闭存放，避免暴露于空气，放置在蜡柜中，方便检索。五是要建立健全保密档案管理体系。档案管理人员要有较高的素质，其在对病理学数据进行保密的过程中，要注意对病人的个人隐私进行保护，并要强化对知识产权的保护，对于已经签完字的报告单切忌随意修改，而且要确保病历中的信息和图像的安全，不能被随意修改。

第三节　教研室档案管理

在医院之中，教学、科研档案是教研室必须存档的重要资料。随着信息时代的到来，信息在人们的生活、工作中发挥着越来越重要的作用，如何做好医院教研室档案管理工作，使其更好地促进和指导教学、科研等活动就显得非常迫切和必要了。

一、教研室档案内容

（一）教学档案

在医院里存放的教学档案，是指医院在对前来实习的学员进行教育管理、教育实践等过程中，直接生成的，以文字、图表、音像等多种形式存在的历史记载，具有一定的保存价值。它将医院的教学过程中的教授和学习两方面的经验和教训如实地记录下来，它是对教学实践和教学管理状况的如实记录，同时也是对教学质量和教学管理水平进行评价的一个主要参考，我们探讨如何管好用好教学档案，有效发挥其对教学的参考、指导作用，对提高教学质量有重要意义。它包括载有下列信息的文本、声像资料、磁盘及必要实物。

（1）上级文件、医院教学相关的规章制度。

（2）医学年度工作计划、教研室教学实验计划。

（3）医院典型教案、宣讲稿。

（4）医学参考资料。

（5）医院实习学员课程考试、考查成绩、试卷、试题、标准答案和质量分析、教学日志等。

（6）医院教研室学年教学工作总结，教学经验总结。

（7）医院里教研室教学工作重点教材。

（二）科研档案

医院的科研档案是指在科学研究、技术革新、科研成果的推广使用中所形成的、具有保存和利用价值的、按一定的归档制度集中保管起来的科学研究文件材料，包括以下内容。

（1）医院科技文件资料。

（2）医学科研课题开题立项、研究、总结资料。

（3）医学科研成果资料。

（4）医学专利项目材料，如发明专利、实用新型专利和外观设计专利的请求书、说明书、设计图、照片、权利要求书、代理人委托书、专利证书以及国家发明奖的申报书及审批文件等。

（5）医学科研经费使用、消耗材料。

（6）医学科技学术交流、外事活动资料。

（三）其他档案

（1）医院教研室发展史，大事记。

（2）医院教学效果调查和质量分析。

（3）医院师资培养规划、计划及实施、检查结果等。

（4）学术论文（复本）资料、学员在学期间撰写的本专业文章及与教学相关的其他材料。

（5）经费开支材料。

（6）医院仪器设备基本情况。

二、教研室档案管理工作任务

（一）分工负责，及时沟通

医院教研室档案管理是分工负责、定期汇总的管理模式。医院中不同科室的每个人都参加档案的收集整理工作，集中群体的智慧，以使教研室档案的种类更加丰富，质量更高。同时，所以人员都了解档案的形成、管理过程及内容，这也就为在教学科研中更好地利用档案提供了可能。

（二）及时装订，定期交流

医院的档案管理要逐渐形成制度，档案及时装订，定期在业务会上交流各自收集的档案及资料，年终评出档案收集先进个人或小组，给予奖励。这样做一方面确保完整地保存教研室的档案资料，另一方面确保各种资源在教研室范围内得到最大限度的共享。

归档材料应手续完备、质地优良、格式统一、书写工整、声像清晰、装订规范。科研档案的组卷：一个研究课题档案一般由1~2卷组成。第一卷为主卷，包括开题报告、研究计划、原始记录、总结论文等；第二卷包括查新报告、鉴定证书、评议意见、使用情况等。

（三）利用计算机，逐步标准化

伴随计算机的发展，国家加快推进医院教研室档案管理的自动化，因为这既能使管理的步骤更简略，又能够让这些材料和数据更充分地运用于医院的各种科研工作之中。例如，把医院实习生的考题录入电脑，所有的考卷都用电脑排印出来，这样就避免了手写容易出现错误和难以修订的缺点，而且还能让考卷看起来干净、漂亮，容易标准化。每一期试题都存入计算机，日积月累，就会逐渐形成一个小型题库；而且，可以在每年的考试中，通过电脑的安排功能来相互补充和完善；另外，还可以把各类医学教学总结资料录入电脑，逐渐在电脑上形成一个完整的教学档案，便于我们查阅和利用。

将来，医院可以把全部的教学和研究数据都录入电脑里，例如，医院医生的讲课状况、实习生考试的题目分析、科研课题和成果。这样，才能让计算机在档案管理方面的功能得到最大程度的利用，让档案在教学和研究中更好地发挥出其作用，让档案工作再上一个台阶。

三、教研室档案管理的作用

档案工作不能只是保管工具，还应为教育、研究等工作提供服务。所以，在对实习生进行教育时，教师要充分发挥好档案对学生的引导和服务功能，比如把每一期的试卷分别装订成一本书，作为期末考试时的命题依据。有些材料从采集到保存的过程都应从实际教学成效的角度考虑，对实验课进行上课登记，及时记录上课内容和设备的使用状况，并进行档案数据的积累，提高实验室的设备管理水平。在医院里，教学档案可以固定存放，比如实验室的设备管理手册，就是由实验室的工作人员来负责，如果换了人，那么档案主人就会发生变化，这样就方便了管理人员的相互监管，同时也是对教学和研究工作的一种补充，这既可以充分地利用档案的效率，又可以提高教学质量。

档案管理是教学和研究工作中不可或缺的一部分，我们必须立足于现实，将其与教学研究紧密结合，与具体的教学和研究活动相结合，让它融入教学与研究的每一个方面，从而使其更好地发挥作用。为此，医院的档案管理部门应充分发挥档案在教学科研管理和院校建设中的作用，努力提高档案开放效益和利用率，使其直接为教学科研工作服务。医院的档案管理人员应当熟悉所保管的档案，了解编制目录、卡片、索引等检索工具和参考资料，逐步实行计算机管理，为档案利用部门提供高效率的服务。同时，建立严格的档案使用制度。医学档案一般在教研室阅读；复印、外借或借阅不便公开的档案，我们必须按照管理制度，严格手续，对借出的档案应当适时催还；对退还的档案应当严格清点、入库。利用医学教学档案的单位和个人，应当遵守有关档案管理规定，不得涂改、勾画、批注、剪裁、转借和私自复印；对借出的档案，应妥善保管，按时归还；对遗失、损坏教学档案的视情节轻重，按照有关规定，追究其责任。

第五章　医院基建与人事档案管理

医院基建档案管理需要遵循国家法律法规及相关标准，其对于医院过去和未来的设计、施工等工作起到了指导和规范的作用，有效保证了医院管理的透明、公正、规范。作为医院档案关键部分的医院人事档案，是按照党的干部政策，是在培养、选拔和起用干部流程当中产生的，是记录了干部个人经历、政治思想、业务能力、工作业绩等情况的档案。本章主要针对医院基建与人事档案管理内容展开介绍，从两个方面展开，分别是医院基建档案管理和医院人事档案管理。

第一节　医院基建档案管理

一、基建档案与医院基建档案概述

（一）基建档案定义

基本建设档案（以下简称基建档案）是指在建设项目从酝酿、决策到建成投产（使用）的全过程中形成的，应当归档保存的文件，包括基本建设项目的提出、调研、可行性研究、评估、决策、计划、勘测、设计、施工、调试、生产装备、竣工、试生产（使用）等工作活动中形成的文字材料、图纸、图表、计算材料、声像材料等形式与载体的文件材料。

（二）基建档案的特点

基建档案工作有独立的对象、特定的工作内容和专门的工作方法。作为一项以项目管理为中心内容的专业工作，其有着自身的特点。

1. 现实适用性

基建档案是工程建设、生产（使用）管理、工程维护、改建扩建等工作中不能或缺的基础资料。基建档案和各种建设活动关系密切，自诞生之日起，就横贯于整个工程建设活动，具有很强的实用性。基建档案是与施工活动密切相关的，是不可分割的，它将与所建建筑物和构建物共同存在。

2. 成套完整性

基建档案记录并体现了整个工程活动的全过程与结果，这些工程项目不仅有各自的工作阶段，而且还与总的基建程序和专业技术联系在一起，形成了一个完整的工程整体。

3. 内容复杂性

基建档案所包含的内容十分丰富，不仅包括文件材料，又有设计、施工图纸、报表、统计资料，还有生产技术设备产品使用说明、安装调试记录，以及工程现场声像材料等。

4. 内容专业性

基建档案是工程勘察、设计、施工等各方面工作的一种真实的历史记录，它体现了工程技术人员的集体智慧与劳动成果。

（三）基建档案的要求

基建档案是国家的宝贵财富，它有特殊的要求。

（1）基建档案不能残缺不全，要达到完整，齐全成套。

（2）基建档案不能有差错，记述和反映建筑物、构筑物、设备等的真实情况，这应与工程建设实体相一致。

（3）基建档案不能杂乱无章，不允许任意分散，要达到系统、完整的要求，保持建设项目（工程）档案材料之间的有机联系。

（4）基建档案要确保安全，应配备必要的保管条件，防止损坏、散失，杜绝失密、泄密现象。

（5）基建工程（项目）档案工作要保证实现基建档案的有效利用，发挥投资效益。

（四）基建档案工作的基本原则

（1）基建类档案是指在基建管理和基建项目活动中，直接产生的具有存放价值的文字、图表和声像资料，它们都是基建类的档案。

（2）基建档案要按照集中、统一的准则，保证档案资料的完整性、准确性、系统性、安全性和有效性。

（3）基建档案工作应是基建规划计划、管理制度及基建人员的责任，这使基建项目从开工之初就与档案的建立同步；在项目施工期间，其应与资料的收集、整理、审批等工作同步开展；项目竣工验收时，应同时递交一套合格的竣工图纸。

（4）将基建档案工作纳入学校发展规划之中，在资金、库房、设备、人员等方面提供保障，年年从基本建设资金总额中拿出一定数量的基建档案工作资金。

（五）基建档案工作的建设

基建档案工作是建设项目（工程）管理工作的重要组成部分，应该与项目建设进程同步。为此，我们要坚持基建档案工作与工程项目建设三同步的做法。"三同步"的做法是20世纪80年代初由扬子石油化工公司提出并采用的行之有效的经验总结，主要内容如下。

（1）我们在制订施工项目的计划、合同、协议、工程工艺、工程管理人员的岗位责任的时候，也要对档案工作提出相应的需求，在最初的时候就把工程施工和档案工作一起进行。

（2）我们在验收执行施工项目进度的同时，也要对档案工作的执行状况进行检查，使工程施工进程和档案工作同步开展。

（3）项目完成后，我们对项目的档案资料也要进行验收，项目的竣工验收和档案管理工作要一起进行。

要坚持"三同步"的做法，必须加强领导，抓好规章制度建设。

第一，建设项目主管部门要明确提出档案工作的要求。第二，基建主管部门和档案工作部门要密切配合。第三，建设单位要有领导分管档案工作，并建立健全档案工作制度。第四，设计、施工单位要严格按照规定，提供完整、准确的工程资料。只有环环扣紧，才能保证基建档案工作和项目建设同步进行。

(六)医院基建档案的意义

1. 为医院建设提供历史依据

基建档案将在施工前对项目的总体构思、项目的选地、有关的勘探状况等进行了详尽的记录,并对项目实施中所关联的医院各项评价和可行性分析进行了详尽的记录,医院的基建档案中记录了诸多信息,可以了解整个医院的规划、建设情况,这是在医院的建设当中产生的第一手材料,能够将项目建设的技术状况和在使用中所发生的种种情况,全部如实地展现出来。对工程开始前后产生的各类宝贵数据进行汇总,是医院基建档案管理的重点,尤其是由于医院基建工程周期长、环节多,在这种繁杂的状况下,会产生各种各样的档案数据,它们分散于不同的工作岗位和主体中,因此,要让档案管理者到基层当中去汇总这些材料,因此能够更好地了解医院的建设状况,为今后的发展与建造提供历史基础。

2. 为医院建设和维修提供参考

医院基建档案以文字、声音、图像、视频等各类形式将医院工程施工的实际状况呈现出来,是保证工程施工质量的关键,对医院后期的管理与维修有一定的借鉴作用。基建档案是医院技术设施建设各个时期的建设状况的真实体现,对各种建筑结构、管线的构思规划都有一个较为全面的记录,就算当时参加基建工作的人离开或者退休了,也能够依靠前期形成的基建档案,对后来的管线设置和相关设备的维修进行重新规划和细化。

从这一点上来说,随着时间的推移,医院的基建档案的价值也会越来越高,因此,必须对基建档案实施科学化的管理,以便其在以后医院重建和设备维修中发挥关键作用。

二、医院基建档案管理中存在的主要问题

(一)缺乏建档意识

目前,一些医院对基建档案的管理还不够重视,在进行医院基建档案管理时,并未全方面地研究过我国的有关法律法规,只是将重点放在了项目的进度上,对于产生的档案资料的搜集能力并不强。由于档案归档意识淡薄,许多珍贵的档案材料未能得到全面的搜集,而这些珍贵的档案材料既是建筑工程施工过程

中最真实的反映,又是以后的维护与管理工作的关键。但是,我们如果不能及时将有关的档案信息搜集起来,将会对医院基础设施的后期维修与管理产生一定的影响。

(二)缺乏建立档案管理机制

许多医院的领导并未认识到基建档案对于整个医院的进步是十分重要的,所以在建立档案管理部门的时候,往往与办公室同处一室,一起办公,配置的人员也比较少。因为并未设置专业的档案管理员,所以在档案和收集管理工作中必然会产生各种各样的问题和矛盾,再加上相关的体制机制不够完善,这造成了档案在传递和保存工作中的各种各样问题,造成了档案管理的效率低下。

(三)基建档案管理人员能力和素质有限

医院基建档案管理归根结底是要靠档案管理者来进行的,但是,目前许多医院都缺少专业的档案管理者,医院的档案管理工作全部由医院的管理人员担任,这些医院管理人员既没有专业知识,也不知道关于基建档案产生的各种材料的内容,因此,医院的基建档案归档存在着大量的问题。再加上医院对基建档案的管理缺乏监督,许多的监管措施都没有得到有效的执行,造成了医院基建档案管理存在诸多不足,给以后的工作带来了潜在的风险。

三、完善医院基建档案管理的有效策略

医院基建档案是一项意义重大的工作,因此,要想让医院的基建档案得到更好的管理,一方面应需加强领导对医院基建档案的管理,大力宣传其重要程度,让整个医院都能有一个良好的基建管理环境。另一方面,要强化责任,健全基建档案管理的有关规定,加强对管理者的培训,促进基建档案的多层次发展,提高医院基建档案的管理水准。

(一)完善基建档案管理制度

医院的管理者应该对基建档案的管理给予足够的关注,为健全医院基建档案的管理提出建议,保证基建档案的管理能够跟上医院的发展。从制度建设的角度,我们应强调医院基建档案管理工作的价值程度,并在此基础上,明确各工作人员

的责任和权限，以系统的方式，将医院基础设施档案的搜集、管理与后续的发展有机地结合起来，保证了基础设施档案对医院的建设所具有的重要参考价值。

（二）加强对档案管理人员的培训

医院档案管理人员的专业化程度，对医院基建档案管理的成效有很大的作用。所以，医院必须加强对这些人专业知识的培训，提高他们的整体素质，使他们能够更好地参加到医院基建档案的管理之中，并充分利用他们的专业技能与素质，深挖医院基建档案的信息，为医院的未来发展提供档案支撑。

四、医院基建档案的数字化管理实践

（一）转变人们对数字化管理的认识，加深理解

目前我们要对医院某些基础建设或工程项目进行数字化管理，仍然是一个很大的难题。人们习惯用手工书写的方法来记录医院的基础工作，而传统的储存方法仍被认为是第一选择。不过，纸质材料不太好保存，要解决这一难题，就必须主动地改变人们的思维方式，使其意识到数字化管理的优越性。因此，全社会都应加大对数字化的宣传力度，提高对数字化的认识，举办有关数字化的培训班，为未来各个行业的数字化管理打下坚实的基础。

（二）实现医院基建档案信息化管理的全覆盖

数字化很难渗透到人们的日常生活中，即使是在医院基础项目建设中对部分数据进行了数字化管理，也无法将所有的事项记录都进行数字化管理。要解决这一难题，我们就必须依靠数字管理技术，将医院建筑及工程项目档案的信息化管理全部纳入其中，从而在实际意义上进入信息数字化的新时代。

（三）规范化医院基建档案管理

目前，在实现医院档案的数字化管理过程中，还隐含着很多的问题，比如，网络安全方面的隐患和数字化管理的无序问题，这是由于缺少规范的管理，造成了医院基建档案的信息比较混乱，很难查找和利用。要处理好这个问题，就必须对医院的基础资料进行有序的规整，从而改变各种文件的混乱无序状态。其次，针对不同类型的基建档案信息和文件，我们要以区别性的形式存储，特别是对某

些表格、图表的格式要特别关注，以免造成无法辨认的现象。最后，对重复使用的医院基础设施信息和档案进行筛选，同一文档要避免重复储存，哪怕是有价值的数据，经过几次保存，也会造成信息和数据的混乱。总归来说，要规范储存和利用医疗机构的各项基建信息和档案，做到各项建设文件有条不紊，为搜索查找提供便利。

随着科学技术的快速进步，数字信息化管理逐渐被应用于医院的部分基础项目中，推动着医院项目的改革与发展。通过对基建档案进行数字化管理，医院可以方便地开展档案管理工作，还可以实现对医院资源项目的管理，实现对各种医疗信息的管理与集成，具有重要的现实意义。档案管理的数字化是未来发展趋势，将数字化的科技运用到医院的基建档案管理中，能够有效促进档案管理工作的科学、快速发展。

第二节　医院人事档案管理

一、医院人事档案管理的任务

第一，人事档案室工作

（1）保管人事档案，加强保密制度。

（2）做好档案材料的收集、补充、鉴别、整理、归档和装订，保证档案材料齐全、准确。

（3）办理档案的查阅、借阅和转递。

（4）做好档案各种材料登记和统计。

（5）做好人力资源库信息的添加、修改及维护工作，及时准确地为了各部门提供干部档案情况。

（6）做好人力资源库信息安全、保密工作。

（7）做好人事档案室的建设和管理。

第二，建立健全人事档案工作的各项规章制度，包括干部档案目录管理制度，档案材料收集、归档、整理制度，档案转递制度，档案借阅制度，安全保密制度，工作人员守则等。

第三，收集整理和保管有关人事档案工作方面的文件和资料。

第四，办理出国人员政审、外调接待等工作。

第五，调查研究档案工作情况，为更好地实现档案管理科学化、现代化创造条件。

二、医院人事档案管理的积极作用

（一）为医院长期发展提供人才支持

伴随社会信息化程度的日益提升，人事档案管理工作也迎来了新的发展契机。医院在新的时代里，不断地打破自己的局限，进行改革，并主动地运用信息化的方式来强化人事档案的管理，将所有的档案管理职责都履行好，提高人事档案的工作效率，同时也要合理地解决好医院中员工的流动问题，为医院的长远规划提供人才保证，同时也能保护各方的利益。

（二）为医院发展提供软实力支撑

在医疗的市场上，医院的核心能力不仅要看硬实力，更要看软实力，因为增强软实力可以有效地实现医院长远的健康发展。强化人事档案管理工作，既可以培养人才，打造人才库，改进培养、评价制度，提升医院的整体素质；同时，引进高素质的档案管理人员，对提高医院的市场竞争能力具有重要意义。

（三）为医院人才队伍建设提供科学合理的评价标准

加强人事档案工作的开展，有助于建立一套科学、合理的考核制度，有助于医院引进人才。在医院的招聘和专业人才的引进过程中，医院可以通过档案了解人才的工作经历、学历、专业水准等方面，所以，对人力资源部门来说，人事档案的管理是一个非常关键的步骤，它可以帮助医院筛选人才，提升医疗人才的综合素质，提高医院的市场竞争力。

（四）优化医院的人才资源配置，提高医疗人员水平

医院的长远发展离不开众多优秀人才的支持，因此，建立一支高素质的人才队伍和建造学科梯队，对医院的运营具有十分显著的意义。人事档案可以将人才的理论能力和实践经历记录在库中，通过这些详细的信息，医院可以在进行人才

责任规划的时候，有一个更明确的判断标准，从而让人才的能力得到最大程度的发挥，从而达到对医院的人才资源进行科学的分配，为医院的长远发展作出贡献。

（五）优化医院管理体制，增强各科室业务沟通

医院是一台由多个部门共同运转的机器，每个部门都对整个医院的发展有着不可替代的作用，所以，健全医院的管理制度就显得特别的重要。在医院的人事档案资源库里，清楚地记录着每位医务人员的专业程度、研究方向等个人资料，这就方便了医院在日常操作中，操纵各部门之间的人员流动，只有在掌握了每个员工的档案信息后，医院才能更好地判断具体人员适合哪些职位。与此同时，这也极大地便利了各个部门间的工作交流，让各个部门的诊断和治疗水平都得到了提升，在合作与交流的过程中，降低了医疗风险，使医院的管理制度得到了进一步的完善，这对医院的长远发展意义深远。

三、医院人事档案精细化管理

（一）医院人事档案精细化管理的必要性

2022年5月国务院办公厅印发了《深化医药卫生体制改革2022年重点工作任务》（以下简称《任务》），明确了2022年深化医药卫生体制改革的总体要求、重点任务和工作安排。以《任务》为指导，为保证公立医院的健康发展，实行精细化管理势在必行，它能够让公立医院的管理变得更加科学化。人事档案是医院管理的一项重要工作，如果还采用过去那种粗放式的管理方式，已不能适应今后的发展需要。为使医院的人事档案工作更趋规范化、合理化，人事部门应进行人事档案管理改革。

精细化管理来自于20世纪50年代日本的一种以日常管理为根基的企业管理思想，通过对实战管理的系统化、精细化，让组织中的各个功能模块之间能够准确地进行匹配，并有效地运作，从而达到组织发展的目的。精细化管理可以最小化企业所需的人力、物力、财力等，缩减成本投入，提高效率。

1. 促进深化公立医院人事薪酬制度改革

《任务》第十条提出，"指导地方结合实际用足用好编制资源，对符合条件的现有编外聘用专业技术人员，可探索通过公开招聘等严格规范的程序择优聘用，

纳入编制管理。落实'两个允许'要求，实施以增加知识价值为导向的分配政策，强化公益属性，健全考核机制，指导各地深化公立医院薪酬制度改革。指导符合条件的三级医院试点开展高级职称自主评审"。[①]深化公立医院人事薪酬制度改革的意义如下。

（1）有利于用足用好编制资源

就当前来看，就业形势正在日趋严峻，许多青年在找工作时，都将是否有编制当作一个关键的考虑因素。

现在，一些医院实行的是编制内与编外人员相同工作、一样薪酬的工资制度，在岗时的工资和绩效并没有因为职员的身份不同而有区别，而在退休后，编外人员就可以享受到企业标准的退休津贴，这就对编外人员的工作热情产生了一定的影响。

事实上，在编外人员中，并不缺少有待组织培养、发掘的高素质医学人才，在编制资源许可的条件下，必须要给他们足够的重视，给他们充足的机遇，充分调动其工作的积极性和自觉性。干部人事档案专审工作是对干部人事档案进行精细化管理的一种具体表现，它为医院人事部门对优秀的医疗储备人才进行了有效的筛选，同时也为进一步完善评价体系、制定基于知识价值的分配制度奠定了坚实的基础。

（2）有利于探索三级医院试点开展高级职称自主评审

在医疗领域的竞争中，最终还是要靠人才来取胜，因此，要将人事档案管理工作运用到医院的人力资源开发中，让它发挥出自身的推动作用。在此过程中，其还可以为人才的决策、优化人力资源的结构和招募人才打下一个扎实的基础。

职称是对专业技术人员个人能力和专业技能的综合考评，它和工资的高低有着密切的联系，所以，职称评审制度毫无疑问地成为人们学习工作的指向。当前，一些医院的职称聘任工作实行评聘分离，职称资格审定即由单位所属地市级人社局职称部门抽调具有评审资格的专家组成评审小组，在共同审核参评材料后予以评定，在人员取得高级职称资格后予以评定，获得高级职称资格后才能参与第二年举办的院内职称竞聘。

[①] 深化医药卫生体制改革2022年重点工作任务[J].中国实用乡村医生杂志，2022，29（10）：8-11.

目前，我国职称评聘考核体系过于死板，评价材料不能从多个方面展示出干部的道德品质和业务水平。以项目、基金为评价指标的硬性标准，从某种程度上限制了科研人员的开发与创新。在今后的三级公立医院，在实行了自己的高级职称评审以后，人事部门就可以充分地利用干部人事档案的重要性，利用高效的精细化管理过程，对干部的档案资料进行数据分析和准确的判断，可以对医务人员的工作能力、工作业绩和专业素质都有了一个全面的了解，实现了人才与岗位的匹配，将技能与需要有机地联系起来，使人才的价值得到最大程度体现。

2. 有利于推进医药卫生高质量发展

随着医改的深入，各试点省市都在积极探讨完善绩效评价、创建节约型医院等方面的改革举措，促进了公立医院的全面改革，实现了高质量发展。

从企业管理中衍生出来的精细化管理，其所蕴含的现代管理思想与医院的管理理念是一致的。医院作为一种实行差额拨款的公益性卫生事业单位，其经费很难满足庞大的医疗开销，因此，如何在保证医疗服务功能的前提下，使其能够持续、健康地发展下去，是摆在医院面前的一个重要课题。精细化管理就是要把医院自己的管理职责履行好，把患者放在第一位，将医院的发展策略作为指引，把经营管理作为基石，把工作落实到最后，才能提高医院的经营效率。

医院人事档案要实行精细化管理，通过对人事档案管理的整体规划，分解实施，明确工作任务，明确管理目标；通过信息化和数字化的管理，实现流程的标准化和规范化，降低人力资源的损耗，提升干部人事档案的利用效率，推动医院的快速、健康发展。

（二）医院人事档案精细化管理的措施

医院人事档案的精细化管理主要从三方面进行，从宏观角度上，主要探索人、事、物、理之间存在的逻辑认识规律；从中观角度上，主要探索总结存在于目标与结果的过程中的管理规律；从微观角度上，深入探索总结整个执行过程的落地规律。

1. 宏观（高层）提高认识、科学决策

做好干部人事档案管理工作不仅是从严治党的外在体现，同时也有利于医院高质量发展，医院管理层应该正确认识这一点，切实做好思想引导工作，自上至下逐级贯彻落实人事档案精细化管理，提高整体的团队凝聚力和协作力。

就干部人事档案专项审核全覆盖（简称档案专审）工作来说，医院接到上级任务后，需要成立档案专审专项工作小组，组长由医院负责档案管理工作的领导担任，并组织人事部、组织部、纪检部、行风部等多个部门相关人员共同进行档案专审工作方案的讨论与制订，并将该项任务作为医院年度工作目标之一。专项工作组将审查过程中出现的问题以及阶段性成果等定期向分管院领导进行工作汇报，由院领导统领各职能部门协同工作，解决实际问题，推动档案专审工作顺利进行。此外，人事行政部门可以通过讲座、视频等方式使工作人员正确认识人事档案的重要性和严肃性。一方面有助于提高员工对人事档案的重视程度，另一方面也有助于档案专审工作的进行，员工配合度提高，审核工作的开展也更加顺利。对于医院自身来讲，这也有助于人事部门对档案资源的整合和管理。

2. 中观（中层）组织领导、计划管理

中层管理者在整个组织中起到关键性的作用，不仅要准确地领会组织的战略部署和工作目标，而且要具有一定的管理实践能力，制订切实可行的工作方案，带领基层工作人员将各项工作任务落到实处。

（1）拆解目标、制订计划

精细化管理的重点在于将工作目标细化。对于干部档案专审工作要做到应审尽审，全面覆盖。以 2020 年档案专审工作为例，审核方案不仅要解决 2015 年因某些客观因素约束而产生的历史遗留问题，还要充分结合当下的社会背景、政治背景、医院实际情况等因素，确定专项专审工作，通过档案专审推进落实从严治党，对每一个符合专审条件的人员要进行客观全面的审核，彻底根除干部人事档案"三龄两历一身份"的材料造假问题，为干部提供健康的成长环境。人事部门要加强对专审工作的重视程度，保证专审工作的政治性、严肃性，要结合实际情况从 7 个方面对整体工作进行分析，也就是"5W2H"计划要素，即需要做什么（What）、为什么要做（Why）、有谁做（Who）、什么时间做（When）、在什么地点做（Where）、怎么做（How）、需要哪些资源（How much），其中核心要解决的是怎么做（How）的问题。

第一，要对现有的干部人事档案情况有大致的了解。包括在职人员档案的数量，以及在档案总数中的占比情况；在职人员中事业单位编制内人员档案的数量及其在在职人员档案总数的占比情况；事业单位编制外人员档案的数量及其在在职人员档案总数的占比情况；离职退休和死亡人员档案的数量及其在各类档案区分项中的占比情况等等。

第二，明确档案专审覆盖范围及具体人员信息。根据上级主管部门要求，档案专审包含所有国有企事业单位的中层管理人员及副高级以上专业技术职务人员，我们要做到对所有覆盖范围人员档案应审尽审，不漏审任何一人，不漏审任何一项。

第三，明确档案专审重点审核对象，分析档案专审覆盖人员，划分审核优先级，有序进行审核。人事部门通过对专审对象的职务、级别进行区分，将专审工作分为三个阶段进行：首先是对院领导进行档案专审，其次对中层干部进行档案专审，最后对高级职称专业技术人员进行档案专审。这样区分主要有三个原因：首先，职务高的人员是专项审查的重点关注对象；其次，领导干部的人员数量相对较少，可以集中力量优先完成审核，增加档案工作人员的信息量；最后，档案专审的标准会逐渐严格，初次接触专审工作的人员需要一定的适应期，在实践中总结经验并将其再次利用到审核工作中。领导干部的档案材料通常涉及范围较广且材料具有一定的复杂性，优先完成对领导干部的档案审核可以快速总结经验，为接下来的档案审核工作奠定良好的基础。实践证明，这种三阶段审核方式是科学合理的。

（2）建章立制，明晰责任。

为了更好地进行精细化管理，必须制定相应的规章制度，明确职责范围，规范审核工作流程。其中规章制度主要包含岗位制度与法规性制度，这里我们探讨的是岗位制度。岗位制度是在岗位职责的基础上制定的，通过对各岗位职责进行全面的分析，最终形成岗位说明书。对岗位职责的分析我们可以总结为"6W1H"：谁来做（who）、做什么（what）、什么时间做（when）、什么地点做（where）、为什么做（why）、为谁做（whom）、怎么做（how）。

（3）团队建设，赏罚分明

培养和提高团队意识，责任协同对精细化管理起到一定的支撑作用。医院应该加强团队建设，根据团队成员特点和医院实际情况，制定适合本团队的工作流程管理章程，培养和提高成员的团队意识，遵守管理规则，提高工作效率，确保人事档案管理工作的顺利进行，为医院长期稳定发展奠定一定的基础。此外，管理人员要加强对档案管理工作人员在工作、学习和生活中的关心，肯定档案管理工作人员的工作成果，对于成绩突出的要予以一定的奖励，并在晋升、评优等方面予以优先考虑，对于工作中的失误或失职等现象，应根据实际情况予以一定的批评教育或给予相应的惩罚、处理。

3. 微观（基层）提升技能、坚决执行

执行落地和管理优化是精细化管理的关键所在，这也凸显了工作执行者在精细化管理中的重要作用。上级主管单位应定期开展培训教育活动，强化对档案管理人员的思想政治教育及专业知识积累，不断提高工作人员的责任心和加强其政治坚定性，提高医院人事档案管理人员对精细化管理的意识。此外，还应该定期举行业务培训活动，邀请档案管理专业人员进行授课，拓宽档案管理工作人员的知识面，完善档案管理工作人员的知识架构，培养档案管理工作人员的创新性。培训也可以增加各组织单位之间的交流互动，提高其业务水平和工作素养。

档案管理工作人员还要善于利用各类管理工具并运用现代高新技术提高工作效率，如 PDCA 智联管理方法、鱼骨图法、甘特图法等对工作计划及工作过程的辅助管理，这能够很好解决传统方法在时效性、可操性及系统性等方面存在的问题，从而提高人事档案管理水平和质量。此外，人事部门可以在日常工作中加强对相关职能部门工作人员的观察和了解，对政治素质过硬、学习能力较强的工作人员，对其进行适当的档案管理工作相关内容的培训，开展档案管理人才储备工作，综合提高档案管理工作效率。

传统人事档案管理方法已无法适应医药卫生体制改革背景下医院对人事档案管理工作的要求，因此，档案管理工作人员要提高管理意识，转变工作思路，学习新的高新技术手段，积极从现代管理学中吸取并总结经验，并将其运用到实际工作中，进而提高档案管理的工作效率，为医院的良性健康稳定发展奠定良好的基础，为国家医药卫生事业快速发展贡献绵薄之力。

第六章 医院档案的安全管理

为实现医院档案管理的可持续健康发展，我们不得不对其采取一些安全措施。本章主要讲述医院档案的安全管理的内容，从两个方面展开叙述，分别是医院档案保管与防护以及医院档案灾害预防。

第一节 医院档案保管与防护

一、医院档案保管与防护的重要性

医院档案保管与防护是指对已整理好并排架入库的医院档案进行日常性的维护、保护等工作，它是医院档案管理的基本环节之一。简单地说，就是指医院档案排架入库后的档案存放管理以及维护档案完整与安全的活动。具体就是，由档案工作人员根据不同档案制成的材料，使用一定的设备和装具，采取适当的措施和方法，维护医院档案的秩序，使其不散、不乱；保护医院档案的实体，使其不丢、不毁，并对遭到破坏或损毁的医院档案采取修补措施。

医院档案保管与防护工作质量，对提高档案管理水平具有重要的意义。首先，档案保管与防护工作质量的高低直接决定着档案寿命的长短，如果保管与防护得当，档案的寿命就会适当延长，否则就会加速档案的损坏。其次，档案保管与防护工作的质量影响整个档案事业的兴衰。要做好档案保管与防护工作，档案管理人员必须对档案保管所使用的装具、档案保管的环境、档案库房的设置、档案保护及修复技术有一定的了解和掌握，这样才能做好档案保管工作。

二、医院档案保管与防护的物质条件

医院档案的保管与防护必须借助一定的物质条件才能进行，物质条件的好坏在一定程度上决定着档案保管与防护质量的高低。医院档案保管与防护所要具备的物质条件主要包括以下几种。

（一）医院档案装具

医院档案装具是指用于存放医院档案的档案箱、档案柜、档案架等。医院档案装具首先要坚固耐用、存取方便、密封性能好，并且还要求防水、防火，因此，最好由金属材料构成。一般来说，封闭式装具比敞开式装具更有利于对档案的保护；金属的装具比木质的更坚固，并有利于防火。

医院档案装具如何摆放将会影响医院档案库房的整体管理与空间的有效利用，因此，我们要对档案装具进行有效的排列。

对档案柜架的编号和排架方法是自门口起依次编架（柜）号，每个架（柜）的栏从左向右编号，每栏的格自上而下编号，没有栏则从上而下编号。

库房中档案架（柜）的排列要求：整齐、空间适度（注意：所有的架或柜均不应紧靠墙壁）、避光通风、统一编号。

档案装具应按制作材料、形状、高低来分类排放，主要通道宽度不应少于1米；装具的间距为0.8米左右；装具应与窗垂直排放；装具不应紧靠墙壁。档案部门的所有档案装具应统一编号，方法是以库房为单位流水编号。

（二）医院档案包装材料

我国主要采用卷皮、档案盒和包装纸三种形式的档案材料包装。

1. 卷皮

卷皮属于包装档案中最基础的材料，不仅能够保证档案材料不被磨损或损坏，还是档案材料案卷的封面。当卷皮用作档案封面时，其可以分为硬卷皮和软卷皮两种形式。

硬卷皮通常以250克重的牛皮纸为制作材料，有30cm×22cm或28cm×21cm两种规格形式。封底与封面尺寸相同。封底的上、下及翻口处需要额外70cm宽的折叠纸舌，卷脊背通常设有1cm、1.5cm和2cm三种厚度，也可以根据实际情况制定具体厚度。此外，成卷装订的卷皮的上下两处的装订处需要留有 2cm 宽的装订纸舌。

以软卷皮装订的档案需要放置在卷盒内进行保存，软卷皮通常设有封皮和封底，且尺寸相同，一般采用长宽为 29.7cm×21cm 或 26cm×18.5cm 两种规格，分别供 A4 型纸及 16 开型纸使用。

2. 卷盒

卷盒长宽尺寸通常固定为 30cm×22cm，设有 3cm、4cm、5cm 等不同规格的高度。卷盒外层中装有绳带，用于系紧卷盒，防止文件散落丢失。

3. 档案盒

2000 年中华人民共和国档案行业标准《归档文件整理规则》正式实施，规则规定文书档案统一由档案盒进行收装，档案盒封面要清晰地注明全宗名称，档案盒长宽尺寸为 31cm×22cm，设有 3cm、4cm、5cm 等不同规格高度的脊高。

4. 包装纸

使用频率较低、不适于装订且不便于盒装的档案材料，我们可以用较为结实的包装纸包装起来，必要的时候，再采取措施妥善保管。

（三）技术设备

医院档案保管与防护所需的技术设备是指空调设备、去湿器、加湿器、报警器、灭火器、电脑、复印机、装订机等具有"固定资产"性质的机械、仪器、仪表等。

（四）消耗品

医院档案保管与防护过程中使用到的消耗品主要是指干燥机、防虫剂等各种易耗低值的管理性办公用品。

三、医院档案库房安全管理

（一）医院档案库房管理基本要求

档案库房建筑是档案保管最基本的物质条件，是档案保管中长期起作用的因素，其质量直接影响档案保管中各项设备的使用与效果。因此，在医院档案管理中，医院档案库房管理十分重要。其基本要求可以参照国家档案局制定的《档案馆建筑设计规范》，将其作为档案管理机构建设档案库房的标准。如果确实因为资金等方面的限制而无法达到标准，我们在档案库房的使用过程中也要达到几个方面的要求：专用，即库房要独立，不能和办公室合用，也不能存放其他物品；坚固，即库房应该是正规的建筑物，确保其安全性；要远离水源、火源、污染源等。

（二）医院档案库房的温湿度控制

医院档案库房内的温湿度条件会对纸张产生直接影响，进而影响着档案材料的"寿命"，每个国家对档案库房的温湿度要求存在一定的差异性，但普遍认为低温是档案保护最基本也是最有利的条件。大部分国家的档案管理部门会将温度设置在8℃~25℃，通常会控制在20℃左右。研究结果也表明，档案库房内纸张类的材料最适宜保存温度为14℃~20℃，而对于照片、影片等胶片、胶带等档案材料的保护，要将温度控制在10℃以下。此外，还应该确保档案库房内的温度处于稳定范围内，防止因温度忽高忽低而使材料发生频繁的胀缩现象，同时这也可以避免水汽在档案上凝结，增加材料的含水量。

大部分国家的档案部门会将相对湿度设置在50%上下，上限不超过65%，下限不低于40%。研究发现最适宜档案保存的湿度在50%~60%之间。

针对不同的医院档案库房条件，控制和调节温湿度的方法主要有两种。

1. 严格紧闭医院档案库房

档案库房应进行严格的密闭处理，确保库房内外不会发生温湿度交流，同时应该在库房内安装空调或恒温、恒湿设备，将库房温度控制在合适的温湿度范围内，这有利于档案材料的保存，但这种方法的弊端是需要一定的资金投入，并不是所有的档案馆都具备相应的条件。

2. 机械或自然地调控医院档案库房温湿度

有些难以做到密闭库房又无力承担配置空调或恒温、恒湿设备的医院档案室（馆），可以采取如下一些机械的或自然的措施对库房的温湿度进行人工调节：一是给医院档案库房的门窗加密封条，可减少库房内外温湿度的相互交流，并有防尘作用。二是使用增温、增湿或降温、降湿等机械设备进行调控，改变不适宜的温湿度，这种方法需要将医院档案库房门窗关闭方能奏效。三是采用简便的人工方法调节医院档案库房的温湿度。比如，放置水盆、挂置湿纱布等来增湿；放置木炭、生石灰等来降湿。

（三）医院档案库房人员的进出库制度

档案库房是档案材料保存的重要场所，涉及很多机密材料和隐私材料，所以，我们必须对进出档案库房的人员进行严格的信息登记，并制定相应的规章制度。

档案库房原则上只允许相关档案工作人员进出，对于维修库房或设备等相关非工作人员的进出要设有专人全程陪同，确保档案材料的安全。

（四）医院档案库房"八防"措施

医院档案保管中的"八防"通常是指防火、防潮、防尘、防鼠、防盗、防光、防虫和防水，它们是医院档案库房管理工作中保证医院档案实体安全的重要内容。

1. 防火

制定档案库房防火制度，设置防火巡检岗位，相关人员每天对库房进行防火检查，对库房周围放置的易燃、易爆物品进行督查，库房内禁烟、禁明火，并在库房周围及库房内放置灭火器等设备，并定期检查更换。

2. 防潮

档案库房内放置温湿度计，并形成记录表，相关人员根据数据对库房进行开窗通风、地面喷水、放置干燥剂等措施，保持档案库房内温湿度符合规定标准并处于稳定状态。

3. 防尘

档案库房内应配备完整的防尘、除尘、防沙等设备，如窗帘、吸尘器、清扫设施等，相关人员定期对库房内的墙面、地面进行清洁处理，保持室内环境卫生整洁，使档案库房符合卫生规定标准。

4. 防鼠

我们要全面检查现有的鼠害漏洞，定期检查老鼠的出入痕迹，定期放置、更换灭鼠药或粘鼠板。

5. 防盗

门窗要进行加密防护，通过钢筋焊接、安装保险和报警器等措施对医院档案库房的门窗进行防护，节假日时可以张贴封条进行加密。

6. 防光

档案库房应该进行遮光或避光处理，避免档案柜或文件被阳光直射。

7. 防虫

档案库房除了要保持卫生清洁、控制好温湿度，做好防鼠处理之外，还要注意防虫，新入库的档案要进行检查和杀虫处理，库房内要放置杀虫剂，并定期检查和更换，此外，库房内严禁放置易滋生虫害的物品。

8. 防水

除以上注意事项之外，相关人员还要对库房进行防水处理，定期检查屋顶；取暖期注意检查暖气是否存在破裂、渗水等情况，并定期检查。一旦发现问题，应立即采取相应措施，确保不会发生安全隐患，保证档案安全。

（五）医院档案库房内纸质档案的保管与防护

1. 确保纸张载体符合耐久性要求

档案用纸需要使用具有纤维含量高、酸性残留物质少的材质，以弱碱性纸张最优。档案管理工作人员应对档案用纸的种类及特点有一定的了解，对纸张的选购给予一定的建议。此外，纸张的采购不宜过多，最好一年内消耗完毕，避免因纸张购买时间过长而缩短档案保存的"寿命"。

2. 要正确选择字迹材料

除了纸张以外，字迹材料也对档案的"寿命"有直接影响，一般情况下字迹材料是墨，以碳素墨水、墨汁为主，其中以炭黑为色素的激光打印字迹保存效果较好，严禁使用纯蓝墨水、铅笔、水笔等易褪色的材料。

3. 合理控制温湿度

《档案库房技术管理暂行规定》中明确规定：档案库房（含胶片库、磁带库）的温度应控制在14℃~24℃，相对湿度应控制在45%~60%的指标范围内；保存母片的胶片库温度应控制在14℃~24℃，相对湿度应控制在45%~60%的指标范围。合适的温湿度能够延长纸张材料和字迹材料的寿命。医院可以根据当地的气候条件，在库房安装空调、加湿器、温湿度计等设备，并安排专职人员对温湿度数据进行记录，一旦温湿度不符合标准或波动变化异常，应立即采取相应的措施，将温湿度控制在合理范围内。

4.减少光、尘对档案的破坏

为了避免或减少光照对档案材料寿命的影响,库房要减少档案库房的窗户数量,且窗户尺寸要小而窄,库房外还应设有环形廊,环形廊的窗户要装有遮光性好的窗帘,天气炎热或温度较高时,可以进行适当的遮光处理,减少阳光直射。除光照外,我们还应该加强防尘处理,尤其是沙尘天气应确保档案库房所有门窗紧密,也可以在档案库房外侧种植绿化植物,利用植物对粉尘的阻挡、过滤作用,减少其对档案材料的影响。此外,还要保持库房内卫生条件,定期对档案库房进行清洁处理,降低库房内的含尘量,有条件的医院可以安装空气净化器对库房内环境进行定期净化和过滤处理。

5.做好微生物的预防工作

微生物也是影响档案材料寿命的主要因素,应该采取必要的预防措施减少或避免微生物对档案材料的影响。可以从影响微生物生长的养料、水分、温度、湿度和空气等条件入手采取相应的措施。对于微生物来说,档案材料自身就是可以供微生物生长的养料,我们也无法将档案材料保存在真空条件下,因此还应该从温度、湿度条件下进行控制,可将环境温湿度控制在14℃~24℃,45%~60%范围内,这个条件不利于微生物生长,减少微生物对档案材料的损害。此外,我们还应该在库房内放置法规允许的植物杀虫剂,定期检查和更换,如果库房面积较大,更换耗时较长,为减少对工作人员的损害,可以请有资质的清洁公司进行专门的杀虫处理。

6.减少人为对档案的破坏

档案的人为损坏主要发生在储存和查阅过程中。档案在整理、立卷或移交过程中,有部分工作人员为节省时间,在操作过程中会无意中损害档案,对有些需要补救或修复的档案材料没有采取相应的措施就直接存储上架;在查阅过程中,人们翻阅力度过大、材料的损坏,要对档案管理人员和档案工作人员加强教育,增加培训力度,通过理论学习、专题讲座、业务交流等多种方式加强对其职业道德的培养和档案技术保护技能的提高,强化档案工作人员对档案材料保护的使命和责任心,严格落实档案管理操作规程,保护爱护档案材料,轻拿轻放,将档案在领导决策、科学研究及管理工作上的服务作用发挥到极致。

四、医院数字档案馆安全管理

（一）医院数字档案馆安全监控管理

人作为信息系统的创建者和使用者，在使用文件处理系统和传输系统过程中会发生各种类型的错误，无论是无意还是有意甚至是恶意发生的错误都会对系统产生不良影响。还有部分系统外的非法用户也可能侵入院内系统中。为了确保档案信息的安全性和隐秘性，在系统中创建安全监控中心，可以确保数字档案馆在体系管理、监控、维护及处理紧急情况等全过程中档案材料的安全性。

电子文件的全过程管理是一种利用控制过程实现结果控制的管理过程。相比较来说，对过程的控制可操作性较强，反馈周期较短。举例来说，也就是在电子文件的创建、传输、再利用及保管等每一个具体过程中进行多层地监控管理，一旦发生错误或异常，立即进行处理，并不断调整管理策略，确保电子文件在其整个生命周期内都得到保护。我们对医院的数字档案管道监控管理主要可以从以下几方面进行。

1. 收发文流程处理的跟踪、监控功能

医院电子文件收集与归档子系统利用、处理文件时必须填写各类登记表、处理单等，做好信息记录，对流转过程中的电子文件可以在系统中进行全流程跟踪，也可以在系统中通过权限随时查询文件在各个环节的负责人、文件状态、处理时间和意见等详细信息。

这种监控方式主要适用于合法用户，其目的是对流转过程中的文件是否被错误处理或对用户操作的正确性予以监控。

2. 日志管理

医院的数字档案馆系统中可以加设可供查询、导出、生成图表或报表等功能的日志管理模块，针对系统中的文件的任何操作，都会被日志管理准确记录，以确保可以准确定位到责任人。该功能可以将所有对文件的操作都记录下来，而不管这些操作是由合法用户还是由非法用户完成的。这样对于合法用户对文件的失误操作、非法用户入侵系统对文件的恶意处理都可以在系统日志中得到体现。

3. 应用审计、检测技术

审计追踪与检测对档案安全性同样具有十分重要的作用，系统的每一项操作、试图联机用户的联机时间、IP等详细信息都能够被审计追踪并准确记录,当系统遭到非法入侵时,我们可以通过审计追踪对入侵事件进行精准的分析。审计、检测技术的应用不仅能够及时发现异常网络访问,同时可以对入侵行为采取相应的措施。在医院的公文处理与传输系统中建立入侵检测子系统可以将许多非法用户的非法入侵尽早消除。

4.认证中心进行监控

我们利用基于公钥基础设施PKI技术作为运行平台的文件传输系统,采用基于公钥密码技术的数字签名和可信时间戳服务保留传输过程中的操作痕迹,从而使医院的电子文件流转过程变为可监控过程,记录公章的制作、启用、销毁等相关应用,可对医院电子文件的发送、接收等行为进行记录,并可对其他相关行为进行查询。在监控过程中,认证中心系统各个服务器进行的信息操作和结果都在存储在服务器进行备份。所有备份及各服务器的即时操作都由审计服务器时刻监控和查询。

医院电子文件收集与归档子系统可以综合应用多种方式实现对电子文件操作的监控管理。

目前,我国绝大部分电子文件管理系统都实现了对电子文件的监控管理。例如中国建设银行网上银行特别安全系统建立了24小时的动态安全监控系统,网上银行的任何一次资金操作及系统登录信息都能够被自动记录,一旦发现异常,能够及时对黑客攻击和非法访问进行防护并报警,为网上银行系统的安全性提供了保障。

(二)医院数字档案馆内的电子档案保管与防护

传统观点认为,只要将档案保存在纸张、碟片等耐久载体上,就实现了对档案的保护。医院对传统纸质档案的保护将重点集中在了对档案载体的保护上,将保护档案载体作为档案保护的重要手段。而电子文件有着不同于传统文件的特性,其保管的内容也有所不同,这不仅仅体现在对载体的保管上,主要体现在文件内容与支持系统等方面。

1.医院电子文件保管的特点

(1)电子文件信息与载体的分离性要求保管内容的扩展

电子文件以数字化形态存在,信息与载体可以分离。我们在以后的利用中,必须依赖一定的设备将医院电子文件读取出来,离开了运行环境,信息无法读取利用，载体的保管就失去了意义。同时不同的电子文件管理系统采用的架构与技术存在差异，所形成的文件在内容的格式编排上可能不尽一致，在文件读取时的技术也不相同。这就要求我们在保管医院电子文件的同时，还可能需要对软硬件等设备的保管。

传统纸质文件复制品与原件具有非常明显的区分，而电子文件信息与载体的可分性使其并没有严格意义的复制品与原件之分。电子文件可以精确地复制，这也使保护文件载体的重要性与实际意义降低了。

（2）电子文件内容逻辑结构的复杂性增加了保管的难度

医院纸质文件的物理结构与逻辑结构是统一的，而医院电子文件信息与载体的可分离造成了其逻辑结构与物理结构是不一致的。电子文件的内容可以存储于不同的设备，仅在需要的时候才通过系统进行重新结合，在结合过程中如果少了某些部分，文件的完整性就会被破坏。如一份电子文件可能由不同数据库中多个表中的多个记录组成，存储时这些数据库可能在不同地方的不同的计算机上，在使用该文件时我们将这些记录从其存储的数据库中检索出来组合成所需的电子文件。这种情况下，我们不仅要保管这些数据库，还要清楚这些数据库中数据间的逻辑关系，这增加了保管的难度。

（3）电子文件对设备依赖性很强造成保管成本增加

设备软硬件更新换代速度在不断加快；硬件的不兼容性会严重影响文件在不同设备上的读取；软件的不兼容性使得不同软件环境下生成的电子文件不能实现格式转换；为确保电子文件生命周期过程中的安全性而采用特定的信息技术对其进行处理等，这一切造成了电子文件对系统的强依赖性，这会对医院电子文件的保管利用带来巨大影响。为解决以上问题，需要在医院电子文件保管过程中采取多种方法。当设备软硬件升级时，我们可以对电子文件进行迁移以适应新的系统。还有一个办法就是保管文件的同时保存相应的计算机软硬件。但这些方法无论哪一种都会增加保管成本。另外，电子文件的载体多是磁记录或光学载体，其保存寿命远低于传统载体，需要严格的保管环境与定期对文件进行复制，这也会增加保管成本。

2. 医院电子文件载体的保管

电子文件所使用的磁性介质和光介质材料与纸张相比有许多不同之处，在保管上除了遵循一般的档案保管原则与方法外，我们还应采取一些针对电子文件载体的特殊保管方法。

电子文件载体，特别是磁性载体，极易受到外界环境的影响，必须对其进行有效的检测和维护。

（1）控制适宜的温湿度

温湿度是影响文件载体寿命的重要因素，我们应保持环境温湿度在一定的范围内相对稳定。依据《电子文件归档与管理规范》，医院电子文件载体保管的温度应在17℃~20℃、湿度应在35%~45%的范围。24小时的温度变化不能超过3℃，相对湿度的误差范围应控制在±5%。

（2）防止环境中强大的电磁场干扰

磁记录载体主要是通过介质上磁场的强弱与方向记录与读取信息的。外界环境强大的电磁场作用于磁介质上的磁场，可以使介质中的剩磁发生消磁、退磁或磁化现象，破坏记录的信息，影响读取效果。我们可以利用电磁屏蔽原理用软磁物质制成铁柜来存放医院电子文件。

（3）防止灰尘

磁盘或光盘的表面落上灰尘，可能会被划伤，引起信息的损失。灰尘中的化学成分与霉菌则会引起载体片基的损害。因此我们应尽量减少环境的含尘量。

（4）防火、防光、防有害气体

光线中的紫外线对电子文件载体破坏力比较大。它主要与文件载体发生氧化作用，使载体的盘基或带基老化，脆性增加，强度降低。

有害气体如二氧化碳、二氧化氮、硫化氢等，具有酸性与氧化性。它们被载体吸附时会分解出酸性有害物质，腐蚀破坏载体，还可能会使载体产生色斑，使信息丢失。

（5）加强日常管理维护工作

软盘的标签应写好后贴上，若已有标签，我们不能用圆珠笔等硬笔书写或修改，以免划伤磁盘；归档载体应放入规定的盒内，避免手直接接触盘面，载体应直立存放于防磁装具内，不能平放，不能在上面放置重物，以防形变；维护医院电子文件的计算机严禁使用非法软件，以免感染病毒或恶意程序；确保存储场所温湿度变化范围分别为±3℃与±5%；磁性载体每两年进行一次抽检、光学载体满每4年进行一次抽检,抽检率不得低于10%,对抽检不合格的产品应及时进行处理;对于磁带类的载体,应该定期进行倒带,在正式读带前以正常速度全程进带两次、倒带两次;系统或设备等进行更新时要提前确认载体与新系统或新设备之间的兼容性,如果互相不兼容,要对电子文档进行载体转换,同时原载体要保留三年以上的时间;对于磁性载体中的电子档案,规定每4年进行一次转存,同时原载体至少要保留4年以上的时间;对于检查结果等信息要按照规定设置固定的期限,定期将其录入电子档案管理登记表中。

3. 医院电子文件的内容保护

影响电子文件的真实性和原始性的不确定性的因素主要有以下几方面:缺少对电子文件从生成到归档的全过程规范化及程序化管理;电子文件采集时,缺少对背景信息及元数据的采集;缺少对大量草稿性电子文件的管理;缺少对电子文件与其纸质文件之间对应性管理方法,使部分产品技术状态与相关软件文件说明书之间出现偏差;对已经归档的电子文件,其载体的耐久性较差等等。虽然现在已经有技术对保持电子文件的原始性和真实性有一定的积极作用,但同时也要从人的主观意识和思想上采取一定措施,进一步确保医院电子文件处于安全状态。

为保证医院电子文件的原始性、真实性,我们应从以下几个方面考虑。

第一,医院电子文件的鉴定。文件鉴定必须以信息内容的原始性、真实性为鉴定标准。

第二,技术保障。利用网络安全技术、加密技术、签名技术、防火墙技术、身份验证技术等保障医院电子文件的原始性、真实性。

第三,医院建立并执行严格的管理制度。我们树立电子文件全过程管理的思想,在医院电子文件处理流程中建立一套科学、合理、严密的管理制度并严格执行。

第四,医院建立电子文件管理记录系统。我们应利用电子文件生命周期表、实时跟踪记录等工具与措施对医院电子文件的处理进行跟踪记录。

(1)医院电子文件的真实性保证

电子文件的真实性,简单理解就是文件在传输前后,其内容、结构、背景信息等数据均保持不变。电子文件的真实性是其行政有效性及法律证据性的最基本保证,是其反映历史真实的最基本也是最核心的前提条件。

电子文件的信息与其载体具有可分离的特性，两者之间不再是物理层面上的固定实体状态，也不存在固定的物理位置，电子文件的信息可以在不同的载体中进行转换，所以在文件流转过程中数据很有可能被不留痕迹地修改。为了进一步确保电子文件的真实性，文件形成单位应在计算机系统中设置安全防护技术措施。

①建立对电子文件操作者的身份识别与权限控制，防止非法侵入

在工作人员登录医院电子文件管理系统时，首先应该进行身份识别，系统赋予相应的权限。根据赋予的权限，有的工作人员有修改、批注文件的权限，有的仅有查询浏览的权限，对于档案管理人员可以赋予著录标引等档案管理工作的权限，不能赋予修改文件的权限。通过身份识别防止非法用户的侵入，通过权限控制防止合法用户的非法操作。

②设置符合安全要求的操作日志

文件处理系统的数据库应该记录对医院电子文件的操作信息，并将这些信息作为文件的组成部分。数据库管理系统或文件处理系统的日志管理能够提供所有对文件的操作信息，如对文件的每一次操作（增、删、改等）的记录。通过有效记录对文件的任何操作，可以帮助我们恢复被恶意修改或删除的文件以维护文件安全。

③对电子文件采用可靠的防错漏和防调换的标记

对医院电子文件的每一次操作都应该记录在系统的电子处理单中，同时将处理的结果（如电子印章、数字签名）反映在文件中。

④对电子印章、数字签名等采取防止非法使用的措施

电子印章与数字签名同传统印章一样，是代表组织职权的一种象征物，应由专人保管，使用时须经负责人批准，并建立一定的制度。

电子印章的使用应注意安全性。首先我们应采用密钥技术制作电子签章。选定印章使用时，必须先验证身份，通过后才能使用印章。验证身份的数字证书可以存储在 USB 电子令牌之类的硬件设备中，以提高操作的安全性。通过电子签章，可以确定医院电子文件收发过程中的责任。发送方（指签名方）无法事后抵赖自己没有发送过这份电子文件。而接收方通过方便的验证，确信这份电子文件是由签章者发来的，文档没有被修改、伪造。

（2）医院电子文件的完整性保证

电子文件的完整性，简单理解就是电子文件及其他任意形式的相关性文件无

数量上的缺失，且每一份电子文件的内容、结构、背景信息及元数据等信息完整无缺损。此外，文件在存储、传输、转换等过程中不被无意或恶意增加、删除、篡改等，这也属于电子文件完整性的范畴。电子文件的完整性是电子文件价值和其作为社会活动真实记录的重要前提和保证。

国际档案理事会电子文件委员会制定的《电子文件管理指南》中指出，有两类相关信息应当记录和保存。一类是"元数据"，即关于电子文件的技术数据，元数据有助于说明电子文件的内容、结构和上下文关系。另一类是"背景信息"[①]，即关于电子文件业务和行政背景方面的数据。背景信息有助于说明文件的真实性，并能帮助文件使用者理解文件的内容。

为了进一步确保电子文件的完整性，我们应该建立完整且系统的医院电子文件管理制度和操作规范，采用准确性高、覆盖范围广泛的高新技术采集电子文件的背景信息和元数据。

对于属于归档范围相关的电子文件，我们通过采用信息管理系统功能和人工监控相结合的方式，将具有有机联系的电子文件收集齐全。

我们应建立相应的制度，对在不同系统中分散形成的、不同媒体的，或通过非正式渠道传递的具有内容相关性的医院电子文件进行收集和捕获。

（3）医院电子文件的有效性保证

电子文件的有效性是指电子文件应具备的可理解性和可被利用性，包括信息的可识别性、存储系统的可靠性、载体的完好性和兼容性等。

为了进一步确保电子文件的有效性，我们应该建立科学合理且规范的电子文件有效性管理制度，并提供一定的技术支持。

对电子文件的保存等要根据文件的类型和特点表明文件格式、软硬件环境、相关的数据信息及设备参数等信息。

被加密的电子文件先解密再归档，如果文件以加密方式进行保存的，我们需要将解密程序同步归档。

归档电子文件的形成单位和档案保管部门要定期对电子文件读取、处理设备的更新情况等信息进行一次全面检查并做好记录，频率为每年一次。设备环境更

---

① 邹宇平.档案学领域的电子文件管理指南——国际档案会议电子文件委员会1996.6[J].绵阳经济技术高等专科学校学报，1997，（02）：78-88.

新时我们要确认载体与新设备之间的兼容性，对于无法兼容的文件要进行载体转换处理，同时原载体要保留三年以上的时间。保留期满后对可擦写载体清除后重复使用，对于不可清除内容的载体应按保密要求进行处置。

我们对脱机保管的医院电子文件定期抽检，读取数据，发现问题立即采取相应措施进行恢复和补救，对于需要进行迁移操作的电子文件要填写"归档电子文件迁移登记表"，做好记录。

档案保管部门要将抽检结果按时录入"电子文件管理登记表"中。

（4）医院电子文件的保密性保证

电子文件的保密性是指文件信息在处理或传输过程中不被泄露给未经授权的用户，即信息只能授权用户使用。常用的保密技术主要如下。

物理保密：利用各种物理方法，如限制、控制、隔离、掩蔽等措施，保护信息不被泄露。

防窃听：防止非法用户通过网络侦听获取文件信息。

防辐射：防止有用信息通过各种途径辐射出去。

信息加密：对信息进行加密后传输，是医院电子文件传输安全最基本、最核心的技术措施。目前常用的有私钥加密和公钥加密两种。

五、医院档案保护及修复技术

（一）医院档案保管技术

为了更好地保管医院档案，延长档案的寿命，我们应该定期采取温湿度控制、防光、污染物排查、消防隐患排查等防护措施，确保档案安全性。

当库房内湿度过高，而通风和密闭处理都无法有效解决的情况下，我们可以采用制冷除湿机或用氯化钙、硅胶等物理或化学方式进行吸湿处理，以减少库房内的水分，有效降低库房内的相对湿度，为了防光最好设计无窗库房，库房玻璃应有过滤或减弱紫外线的功能。

（二）医院档案修复技术

医院档案修复技术主要有去污、去酸、加固、字迹显示与恢复、档案文件装裱等方法。

1. 去污

医院档案在保存、翻阅、检查等过程中，存在被水印、污泥、油渍、霉斑等各种污渍污染的风险，对于已经被污染的档案，根据污渍的种类、纸张特点、字迹性质等不同，我们应合理选用机械法、溶剂洗涤法、漂白粉去污、高锰酸钾去污等处理方法进行去污处理。

2. 去酸

去酸可以延长医院档案纸张的寿命。去酸的方法主要有含水溶液去酸、有机溶液去酸、气相去酸三类。

3. 加固

加固是指用高分子材料黏合或附加在医院档案文件上使纸张强度增加，字迹得到保护的方法。医院档案在加固之前，必要时须进行除污、去酸处理。

4. 字迹显示与恢复

对档案中已经褪色或被异物遮盖住的字迹可以采用物理、化学等方法进行显示与修复。物理方法主要包含微缩摄影、滤色镜摄影、紫外线摄影、计算机图像处理等方法对字迹进行处理；化学方法主要是采用化学试剂辅助字迹重现，如利用亚铁氧化钾法可以使含铁的字迹重现。字迹的显示和修复对文档保护是必要也是极其重要的，我们要不断地完善并探索操作性更强、效果更好的新方法，延长档案文件的寿命。

第二节　医院档案灾害预防

一、医院档案灾害概述

（一）医院档案灾害的产生原因

对档案灾害风险进行控制是档案灾害管理工作的重要内容，档案机构对档案灾害风险降低到最小化的程度是档案机构防灾水平的直观体现，档案灾害风险控制机制的构建可以很好地为风险应对提供相应的措施。通常情况下，档案管理人员是档案灾害防治的中坚力量，工作人员可以精确地掌握档案灾害的构成和本质，分析灾害类型及灾害风险对档案的危害程度，这有助于将档案灾害与风险控制机制相融合，因此，我们必须以现实为依据，将档案灾害风险控制机制的设计实现与档案灾害的本质结合，只有这样才能将其现实作用发挥到极致，才能更好地体现其应用价值。

为了更好地将档案风险控制机制的应用价值发挥到最大，我们就必须要掌握有关档案灾害内容和组成的核心。档案灾害通常由自然原因和社会原因两种原因，其中，地震、洪水、沙尘暴等属于自然原因，操作失误、恶意损毁、战争等属于社会原因。灾害的产生通常都是由多种因素互相作用而产生的。概括来说，灾害形成的环境、致灾因子和灾害的承受载体，这三者之间的相互作用将最终将导致档案险情的产生。其中致灾因子包括地震因子、洪水因子、火灾因子等，致灾因子是档案灾害的条件之一，也是灾害形成的直接导火索。任何一个地区，尤其是环境较为敏感脆弱的区域，一般都存在着多种不同类型的致灾因子，且这些致灾因子存在并发的可能性，一旦并发，将会对所在区域或地区的自然环境和社会系统产生极大的负面影响或造成较为严重的后果。灾害形成的环境可以理解为档案风险环境，是指档案灾害发生的环境，如各档案馆、城市甚至是国家等。灾害的承受载体也就是档案馆、档案库房和档案自身，是直接受到灾害影响的物质本身。每一个档案灾害的产生都是由这三个因素互相作用而导致的，三因素缺一不可。举例来说，如某地区因当地地壳运动而遭受地震，某档案馆因建筑外墙年久失修而造成档案馆坍塌，使各类存档档案受到不同程度的损坏或损毁，这就是档案灾害所形成的三个因素共同作用而导致的结果，如果在灾害形成过程中，我们加强对档案馆外墙的检修加固，就可以增强档案馆的建筑稳定性，防止档案馆坍塌，即使有致灾因子的作用，也可能不会发生档案灾害。

在档案管理工作过程中，掌握并分析档案灾害的组成因素不但是档案灾害风险控制的前提，同时也有利于更好地进行宏观把控，因此，在构建档案灾害风险控制机制时，对灾害因素的分析是整个构建的前提和基础，也是整个机制构建的核心。

（二）医院档案灾害造成的后果

无论天灾、人祸还是其他不可控因素，灾害发生就会对档案产生危害。

1. 医院档案遭到污染，寿命缩短

当档案库房遭受灾害时，档案材料会受到不同程度的损害，如地震后的石灰土、雨水、虫害、细菌、钢筋等与档案材料掺和在一起，会加快档案材料的老化、损坏，很多材料修复或修补起来十分困难，会直接缩短档案材料的寿命。

2. 医院档案遭到彻底损毁

一些严重的灾害会直接导致档案材料被损毁。档案材料一旦损毁，将会对医院内部历史信息产生非常严重的影响。档案材料是对医院发展之路的记忆延伸，对医院的发展和科研具有十分重要的作用，是无法被替代的，如果档案材料丢失或损毁，对医院、医生或病人来说都会产生无法弥补的损失。

3. 医院档案遭到破坏性损坏

洪水、地震等破坏性较强的自然灾害会使档案受到重压、暴晒、水泡、细菌侵害等风险，结果不言而喻，纸质材料将破损、字迹模糊、转账粘连，录音录像等档案材料失真、图像模糊甚至无法被读取。

4. 医院档案可能失密

医院内的一些档案属于保密状态，比如某些教研室档案、病历档案等等，医院对客户的个人信息有保密责任，按照合同法，泄密将会被追究责任。遭受灾害时环境条件复杂难控，档案的安全性也将受到威胁，因此医院要加强防范，确保档案信息的安全性和隐私性。

（三）医院档案灾害的种类

1. 根据灾害来源分类

（1）来自医院外部不可控的因素

结合实际工作情况，来自医院外部不可控的因素主要为不可控自然灾害及工业事故。台风、洪水、地震、沙尘暴、泥石流等属于不可控非人为自然因素。爆炸、核事故等属于工业事故范畴。

（2）来自医院内部和管理问题的灾害

火灾、水患、偷盗、虫蛀鼠害等因素对档案造成的损坏属于医院内部和管理问题所导致的。如高温、电路老化、易燃易爆物、消防不合格等会产生火灾隐患；水管老化、给排水系统及空调系统出错等会产生水灾隐患；温湿度控制不稳定或异常容易引起细菌滋生；卫生环境不合格会产生虫蛀鼠害等隐患。无论是哪种，一旦对档案材料造成损坏，都是很难被修复和补救的。

（3）个人或团体冲突引起的灾害

个人或团队冲突引起的灾害主要有人为纵火、破坏电力系统、故意损毁和武装冲突等等。

（4）计算机系统安全危机

计算机系统的安全隐患主要包括设备故障、病毒感染、操作人员操作失误等。

2. 根据灾害起因分类

（1）自然灾害

一般情况下，我们将以自然变异而非人为因素产生的危害定义为自然灾害，主要包括地震、洪水、沙尘暴、台风、火灾、强磁场、强电子脉冲等。

（2）人为灾害

我们将人为因素对档案材料产生的损害定义为人为灾害，主要包含工作人员缺乏责任心、资料泄密、操作失误、系统被非法入侵、人为引起的灾害、交通事故等因素。

（3）环境因素

环境因素包括设备电源问题、温湿度不稳定、抗磁场干扰、虫蛀鼠害、霉菌等细菌滋生等等。

（4）网络安全

网络安全危害和隐患主要包括病毒、非法入侵、恶意删除或篡改信息等。

（5）社会安全

社会安全事件通常指战争、动乱、恐怖袭击等事件。

二、医院档案灾害的预防——档案管理应急预案

（一）医院档案管理应急预案制定工作应遵循的原则

1. 预防灾情原则

制定合理的医院档案管理应急预案的目的之一在于降低不良因素对医院档案安全的威胁，最大程度地确保医院档案的完整性与安全性。为此，工作人员在制

定医院档案管理应急预案的过程中，必须严格遵循预防为主的原则，确保应急预案各类条款具有前瞻性、应急性，能够有效地降低事故发生概率。

2. 档案优先原则

档案优先指的是在医院档案室发生诸如火灾等灾害时，优先转移各类档案，将档案的安全放在第一位。在过去，国内发生了多起档案室失火事件，由于工作人员未充分遵循档案优先原则，首先转移档案室其他物质资产，从而导致大量档案受损，付出了巨大的代价。所以，医院档案管理人员要吸取教训，时时刻刻以档案为重，在档案室发生消防事故时第一时间转移档案。

3. 应急联动原则

医院档案管理工作强度较高、工作难度较大，档案应急工作需要多部门合作、共同维护档案安全。应急联动原则是工作人员在档案应急预案制订工作中必须严格遵循的原则，应急联动的意义在于充分调动各部门的力量，以制度的形式来落实档案管理中的多部门协作。事实表明，在应用具有应急联动内容的档案应急预案后，医院档案的安全性得到了显著的提升，同时也深化了其他部门人员对医院档案管理工作的了解，这为档案管理工作的进步奠定了良好的基础。

（二）医院档案管理应急预案的制订

1. 做好应急人员配备工作

消防、公安人员是保障档案安全的专业力量，在医院档案室发生安全事故后，档案管理人员要及时报警，在后续工作中充分配合公安、消防人员的各项工作。火灾是对档案安全危害最大的一类灾害，因此医院档案管理人员要积极增强自身的防火意识，从而降低档案室失火的概率。

无论是何种工作，工作中发挥最关键作用的因素是"人才"，医院档案管理工作也不例外。通过调查走访，我们发现部分医院档案管理人员综合素质较低，预防风险的意识与能力较差，难以有效地制订与执行档案应急管理预案。鉴于以上情况，医院档案管理部门应当积极采取相应的措施，提高档案管理人员的综合素质和专业技能，具体可以通过举办专家讲座、技能培训、业务交流等方式夯实其专业基础，增加管理人员的知识储备，提高专业技术能力，更好地促进新时期背景下档案日常管理及应急处置工作的开展。

2.做好物资储备工作

医院档案管理人员要时刻绷紧神经，注意防范各类事故的发生。为了最大程度地降低火灾的危害性，医院档案管理人员必须做好应急物资储备工作，准备数量充足、质量合格的灭火器，工作人员要明晰灭火器的操作流程，以求在最短时间内控制火情。医院档案室中要配设火警装置，档案管理部门要定期组织专业人员检测报警装置与消防设施是否处于正常的工作状态中。

医院档案室应设有直通安全地带的安全通道，应急预案中应强调安全通道的重要性，严禁在安全通道上堆放杂物，充分确保安全通道的畅通。安全通道上要配有质量合格的消防指示灯并在墙上张贴安全标志。得益于科技的高速发展，现阶段人们已经可以借助计算机与互联网技术来开展档案日常管理与安全保障工作。预案中应当指出，医院档案室要建立电子数据备份系统，将重要数据备份至硬盘之中，采用实时数据备份的工作方式以保障重要数据的安全。

3.做好资金准备工作

毋庸置疑的是，医院档案日常管理与应急处置工作需要大量的资金，这就需要档案管理部门做好资金预算工作，确保用于购进消防设施、计算机设备等物资的资金充足。需要特别指出的是，近年来档案管理资金贪腐现象较为猖獗，因此医院档案管理部门应当做好资金流向监督管理工作，制定一系列制度来约束资金经手人员的行为，确保每一笔资金都能落到实处。

4.明确档案应急预案启动条件

医院档案管理人员必须在合理的时机启动档案应急预案，如此方能最大程度地削弱灾害对档案安全的威胁，保障应急预案的应用效果。通常情况下，在档案室发生险情后，医院档案管理部门首先要组织人员进行自救，随后应在最短时间内分析灾情等级、预估灾情可能造成的危害。在判断出灾情严重程度后迅速制作相关的灾情报告，详尽地描述灾情出现的时间与预测灾情的影响，并在2小时内将报告递交给上级领导部门。

在确定灾情极有可能影响人员与档案安全、容易造成较大经济损失后，医院要迅速启动档案管理应急预案，各有关人员要迅速回归岗位，分析现场灾情进展状况并严格依照应急预案相关规定开展救灾工作。

5. 设定严谨合理的奖罚内容

为了最大程度地发挥榜样的带头作用、遏制档案应急管理工作中不良现象的发生，医院档案管理应急预案中应当含有合理严谨的奖罚制度。奖罚制度能够实现及时表彰在档案应急管理工作中作出突出贡献的人员，处分瞒报档案险情、在档案应急处理工作中态度散漫人员的目的。医院严厉处罚阻碍档案应急管理工作开展的人员，应当将情节特别严重的人员移交司法机关处理。

参考文献

[1] 黄雨三，张勇.医院档案管理实务全书[M].长春：吉林电子出版社，2004.

[2] 王世吉，唐宁，周雷.现代档案管理理论与实践[M].延吉：延边大学出版社，2018.

[3] 孙蕊，解丽莉，刘志友.现代医院管理学[M].武汉：湖北科学技术出版社，2018.

[4] 王兰平，吴华，张巧穗.宁波华美医院百年档案：卷1[M].北京：商务印书馆，2018.

[5] 潘潇璇.档案管理理论研究[M].延吉：延边大学出版社，2018.

[6] 李雪婷.人事档案信息化建设与创新管理研究[M].长春：吉林文史出版社，2020.

[7] 刘雪，杨晓玲.大学生电子健康档案与智慧医疗[M].北京：冶金工业出版社，2018.

[8] 谭晓东，吴风波，龚洁.医院公共卫生工作规范[M].武汉：华中科技大学出版社，2018.

[9] 李东红.新时代背景下的档案管理与创新[M].北京：经济日报出版社，2017.

[10] 张锦.医疗器械管理手册：第2版[M].北京：人民卫生出版社，2019.

[11] 刘超.电子病历在医院档案管理中的应用与探索[J].兰台内外，2023，（34）：4-6.

[12] 庄合龙.医院档案管理工作现状及创新探讨[J].兰台内外，2023，（20）：49-51.

[13] 李传莉. 档案信息化建设在医院档案管理中的价值探析 [J]. 兰台内外，2023，（19）：1-3.

[14] 丁东杰. 医院病历档案管理存在的问题及对策 [J]. 兰台内外，2023，（19）：55-57.

[15] 王力政，张永卿. 浅谈医院人事档案管理的现状与发展对策 [J]. 基层医学论坛，2023，27（19）：130-132+150.

[16] 吴思颖. 信息化导向下医院科研档案管理分析 [J]. 黑龙江档案，2023，（03）：67-69.

[17] 邱名金. 人才流动背景下医院人事档案管理模式的创新 [J]. 黑龙江档案，2023，（03）：268-270.

[18] 倪芳. 病例档案的收集与保护研究 [J]. 数字与缩微影像，2020，（01）：27-30.

[19] 钟心. 医院档案管理中信息保密技术研究 [J]. 兰台内外，2019，（34）：9-10.

[20] 王丹. 基于灾害脆弱性分析试议医院档案安全管理——以某三级甲等综合性医院为例 [J]. 办公室业务，2017，（17）：130.

[21] 刘金月. 我国声像档案长期保存相关标准的研究 [D]. 沈阳：辽宁大学，2022.

[22] 夏敏. 中国档案保护行业标准建设的研究 [D]. 沈阳：辽宁大学，2020.

[23] 何小菁. 病历档案管理模式演进与发展研究 [D]. 南京：南京大学，2018.

[24] 李同云. 云南省中医医院人事档案管理系统的研究与分析 [D]. 昆明：云南大学，2017.

[25] 赵小莹. 电子病历管理系统的设计与实现 [D]. 长春：吉林大学，2016.

[26] 谭大方. 数字档案资源安全保障体系构建研究 [D]. 天津：天津师范大学，2016.

[27] 何莹. 大数据条件下医院电子档案管理研究 [D]. 秦皇岛：燕山大学，2015.

[28] 唐霜. 信息化环境下档案整理理论研究 [D]. 南昌：南昌大学，2015.

[29] 袁丽萍. 中外档案鉴定机制的比较研究 [D]. 天津：天津师范大学，2014.

[30] 毛惠芳. 预警 应急 抢救——档案灾害管理体系的构建 [D]. 合肥：安徽大学，2010.